本书为首都经济贸易大学北京市属高校基本科研业务费专项资金资助项目"大市场监管体制下的保健食品监管研究"（项目编号：XRZ2020006）的阶段性成果

BAOJIAN CHANPIN SHICHANG
JIANGUAN YU ZHILI

保健产品市场监管与治理

闫志刚　边晓慧◎著

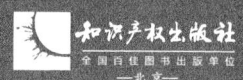

知识产权出版社
全国百佳图书出版单位
—北京—

图书在版编目（CIP）数据

保健产品市场监管与治理/闫志刚，边晓慧著．—北京：知识产权出版社，2020.12
ISBN 978 – 7 – 5130 – 7132 – 1

Ⅰ.①保… Ⅱ.①闫… ②边… Ⅲ.①保健—医药产品—市场监管—研究—中国
Ⅳ.①F426.7

中国版本图书馆 CIP 数据核字（2020）第 158468 号

内容提要

当前，我国保健市场快速发展，但其中存在的某些问题，如虚假宣传、欺诈营销等，不仅扰乱了保健市场经营秩序，还威胁消费者的生命财产安全。本书围绕我国保健产品监管展开研究，一方面对我国当前保健市场问题及其监管实践进行整体分析，并基于市场构成要素的卖方、买方、市场信息、政府监管四维度框架分析了我国保健市场问题的成因以及综合治理思路；另一方面重点分析保健产品监管的核心问题（虚假宣传和欺诈营销）、核心对象（保健食品监管）、核心举措（消费者教育），进而提出我国保健产品监管的对策、建议。

责任编辑：安耀东　　　　　　　责任印制：孙婷婷

保健产品市场监管与治理
闫志刚　边晓慧　著

出版发行	知识产权出版社有限责任公司	网　址	http://www.ipph.cn	
电　话	010 – 82004826		http://www.laichushu.com	
社　址	北京市海淀区气象路 50 号院	邮　编	100081	
责编电话	010 – 82000860 转 8534	责编邮箱	anyaodong@cnipr.com	
发行电话	010 – 82000860 转 8101	发行传真	010 – 82000893	
印　刷	北京九州迅驰传媒文化有限公司	经　销	各大网上书店、新华书店及相关专业书店	
开　本	720mm×1000mm　1/16	印　张	12	
版　次	2020 年 12 月第 1 版	印　次	2020 年 12 月第 1 次印刷	
字　数	158 千字	定　价	78.00 元	
ISBN 978 – 7 – 5130 – 7132 – 1				

出版权专有　　侵权必究
如有印装质量问题，本社负责调换。

前　言

在我们将全面建成小康社会的今天，人民的健康需求与供给将迈上一个新的台阶。从发达国家的经验来看，保健产品在满足国民的健康需求方面有着重要的作用。我国保健产业呈现快速发展的态势，但客观地讲，我国保健产品市场的规范性仍需提高，还存在违法违规、不诚信经营的行为，这不仅影响行业的持续健康发展，也会给人民群众的身体健康带来威胁。本书在全面总结保健产品监管的国内外经验基础上，深入研究分析了保健产品监管的重点问题，进而提出改进和完善我国保健产品监管的对策、建议。

本书共 11 章，内容分为以下几个部分。

第 1~2 章是研究基础，主要是对相关概念和理论进行梳理。在概念部分，首先对保健品、保健食品、药品、医疗器械、化妆品、消毒产品等相关、相近概念进行界定和比较；其次是基于百日行动中国家市场监督管理总局和一些省市场监管部门公布的 167 件对保健用品的典型违法案例进行分析。在理论基础部分，从监管的价值、监管的策略以及监管的风险三个方面对监管的相关理论进行梳理，为进一步开展保健市场治理研究提供了理论指导。

第 3~4 章是对保健市场问题及其综合治理的整体分析。第 3 章对保健市场问题进行全景分析和归因，从保健市场流程，分析了保健市场问题的多种形式；从保健市场问题的后果，分析了保健市场的多重危害性。关于保健市场问题，则从保健市场的卖方、买方、保健市场的信息传递以及保健市场的政府监管四个方面进行归因。

研究认为，保健品生产经营企业的社会责任缺失、保健品消费者的不理性消费与异化消费、保健品信息不对称与经营者不当信息行为以及监管问题是导致保健市场问题的主要原因。第 4 章分析了我国保健市场的政府监管实践与综合治理思路。首先对目前我国保健市场监管的主要做法进行梳理，其次在肯定成绩的同时，分析我国保健市场监管存在的不足，最后提出了实现保健市场综合治理的思路。

第 5~6 章是对保健市场典型违法行为——虚假宣传与欺诈营销问题进行分析，分为两部分：一是对美国、日本、加拿大、澳大利亚等国家在保健市场虚假宣传与欺诈营销治理方面的主要做法的介绍与借鉴，通过梳理其法律规定和监管体制等发现，发达国家法律法规规定的细致，对上市后监管比较规范，对违法行为的处罚比较严格，行业自我监管比较发达；二是对我国保健市场虚假宣传与欺诈营销治理方面存在的问题进行分析，研究认为，在保健市场虚假宣传与欺诈营销治理方面，在肯定成绩的同时，我国法律法规还不健全，监管机构之间的责任机制还不够清晰、明确，执法力量还比较薄弱，社会监督发挥不够。

第 7~9 章是对保健市场的典型成品——保健食品的监管进行分析。本部分包括三章内容：第 7 章是对美、欧、日、加、澳等国家或地区在保健食品监管方面的主要做法的介绍与借鉴，第 8~9 章分别对我国保健食品的定位和保健食品上市后的监管进行分析。研究发现，发达国家在保健食品监管方面的定位不尽相同，显示出这类产品的中间状态自然属性；不同国家保健功能声称的具体类型具有相同之处，基本上包括营养含量声称、降低疾病风险的声称和健康声称，其中，健康声称监管最为严格，一般需要审批，而其他类型的声称则相对宽松；对于声称的科学标准，根据产品类别一般分为传统使用证明和现代医学实证研究证明两种，如果用统一的标准审查所有类型的产品则可能面临困境，如欧盟对草本类产品的审查基本处于停滞状态；各国对产品上市审批方面一般比较宽松，以备案制为主，其产品存在虚假宣传等问题，因而各国对保健食品的上市后监管比较重视,多纳入不良反应报告系统。从我国来看,保健食品监管的主要不足有二:一是定位。从历史来看,我国保健食品定位经历多次变化,消费者会有一些困扰,一些相近概念也还存在交叠不清的情况。从哲学基础来看,我国保健食品有传统药膳理论和西方现代医学理论两种,二者相互统一又矛盾,给保健食品功能评价等带来不利影响。从属性方面看,保健食品介于食品与药品之间,与后二者的边界并没有明确的界限,难以精确划分。二是保健食品的上市后监管。从2017年九部委保健食品欺诈和虚假宣传整治查处的案件来看,七成案件主要是上市后监管问题。近年来我国监管的许多资源和精力放在上市前监管方面,对上市后监管还要加大力度。在日常监管方面,要注意地方保护的问题。其主要原因在于地方政府的政绩导向与市场监管职能之间的"矛盾"。此外,运动式监管模式的弊端和网络监管的挑战也给保健食品的上市后监管造成困境。

第10章详细介绍了日本在消费者理性教育和健康营养教育方面的做法。其经验对保健市场治理具有一定的参考意义。日本的消费者保护政策和消费者教育政策具有系统性、一致性。在经历消费者运动以后,日本政府意识到对消费者安全权的过分注重导致对食品药品领域的过度监管,这造成了一定副作用,导致消费者放纵自己的"弱而愚";应以寻找消费者自身自觉性的提高为一个关键的中间步骤,从而获得更广泛的社会进步或社会改良。因而日本《消费者保护基本法》正式修正为《消费者基本法》,将"保护"二字去除。这意味着消费者的身份由被保护的客体转变为自我保护的主人,强调消费者的自立意识,消费者应进行自我判断和自我决策。为了提高其自立水平,日本将消费者教育贯穿国民教育的各个阶段。为了提高国民的健康素养,日本还将食育作为基础性手段推行,制定了《食育基本法》,在中央成立了推进食育的机构,制定了阶段性目标,将其纳入国民教育的各个阶段。这些措施的推行,大幅提高消费者的商品选择能力和健康素养,使其在保健产品选择方面更加理性。

第11章基于上述分析提出了相应的对策、建议。主要如下:一是对保健产品实行分类管理，可以将保健用品和保健食品纳入统一管理进行分类，也可以分别进行管理，但必须制定统一的监管标准和规则。二是着力解决虚假宣传与欺诈营销问题，主要包括修订完善有关法律法规，明确监管分工，打造相关的信息平台以打破地方保护，发挥社会力量参与监管等。三是加快保健食品监管改革进程，要进一步明晰保健食品的定位，明确其功能声称的类别和科学标准，强化保健食品上市后监管等。四是全面推广消费教育与食育，加强信用体系建设，建立保健产品的预警和跟踪评价体系，夯实行业长远发展的基础。

当前，我国保健产品监管，特别是保健食品监管处于改革转型的关键时期，希望本书对相关监管改革有所裨益。

在此，我们也向在本书写作过程中给予帮助的张秀梅、万巧芸同学表示感谢，她们帮助收集了大量材料。

限于研究能力和现实的复杂性，本书难免有疏漏之处，我们恳切希望读者和有关专家予以批评指正。

目　录

第1章　导　论 ………………………………… 1
1.1　保健品定义 ………………………………… 1
1.2　相关概念与区别 ………………………… 3
1.2.1　保健食品 ………………………………… 3
1.2.2　药品 ……………………………………… 4
1.2.3　医疗器械 ………………………………… 4
1.2.4　化妆品 …………………………………… 5
1.2.5　消毒产品 ………………………………… 5
1.3　保健用品的主要类型与典型违法行为 ………… 6
1.3.1　主要类型 ………………………………… 6
1.3.2　典型违法案例 …………………………… 6
1.4　研究对象界定 …………………………… 7
1.5　研究思路 ………………………………… 7

第2章　相关理论基础 ………………………… 9
2.1　监管价值相关理论 ……………………… 9
2.1.1　市场失灵理论 …………………………… 9
2.1.2　公共利益理论 …………………………… 10
2.1.3　利益相关者理论 ………………………… 12
2.1.4　制度主义监管理论 ……………………… 13
2.2　监管策略相关理论 ……………………… 14
2.2.1　回应性监管理论 ………………………… 14

i

2.2.2　智慧监管理论 …………………………………………… 16
　　2.2.3　整体性治理理论 ………………………………………… 17
2.3　监管风险相关理论 ……………………………………………… 19
　　2.3.1　委托代理理论 …………………………………………… 19
　　2.3.2　监管俘获理论 …………………………………………… 20
　　2.3.3　监管政治理论 …………………………………………… 21

第3章　我国保健市场问题全景分析：问题、危害与归因 ……… 24
3.1　保健市场问题的形式与后果 …………………………………… 24
　　3.1.1　保健市场问题的多种形式：基于保健市场流程的
　　　　　分析 ……………………………………………………… 24
　　3.1.2　保健市场问题的后果：多重危害性 …………………… 29
3.2　保健市场问题成因分析 ………………………………………… 31
　　3.2.1　保健市场的卖方：企业社会责任缺失 ………………… 32
　　3.2.2　保健市场的买方：消费不理性与消费异化 …………… 34
　　3.2.3　保健市场的信息：保健品信息不对称与经营者
　　　　　不当信息行为 …………………………………………… 36
　　3.2.4　保健市场的政府监管：监管缺位与监管不力 ………… 37
　　3.2.5　保健市场乱象产生的社会大背景 ……………………… 39

第4章　我国保健市场的政府监管实践与综合治理 ……………… 41
4.1　我国保健市场监管的主要做法 ………………………………… 41
　　4.1.1　保健品生产经营企业的"准入监管" …………………… 42
　　4.1.2　保健品生产经营企业的日常监督检查 ………………… 43
　　4.1.3　保健品生产经营环节的"双随机一公开"
　　　　　飞行检查 ………………………………………………… 43
　　4.1.4　保健品虚假宣传和广告监管 …………………………… 44
　　4.1.5　保健品市场专项整治 …………………………………… 46
　　4.1.6　保健品领域消费者权益保护 …………………………… 46
4.2　我国保健市场监管存在的问题分析 …………………………… 47
　　4.2.1　对保健食品以外的保用用品和保健服务

　　　　　　　监管不足 ·· 47
　　4.2.2 市场准入的"发证式"监管存在的不足 ········ 47
　　4.2.3 对保健品企业日常监督检查的常态化、规范化
　　　　　水平不高 ·· 48
　　4.2.4 保健市场流通过程的虚假宣传和欺诈营销监管
　　　　　成为"弱项" ··· 48
　　4.2.5 运动式监管难以建立保健市场治理的
　　　　　长效高压机制 ·· 49
　　4.2.6 消费者端的监管效用尚未充分发挥 ············· 50
　4.3 监管与超越监管：完善保健市场综合治理的思路 ······ 50
　　4.3.1 构建保健品生产经营者的内部与外部
　　　　　责任机制 ·· 50
　　4.3.2 重视消费者教育，提升保健品消费理性 ········ 52
　　4.3.3 促进保健品信息对称和规范营销信息传递 ···· 54
　　4.3.4 提升监管效能，克服监管失灵 ··················· 56

第5章 典型发达国家保健品虚假宣传和欺诈营销监管的经验 ·· 62
　5.1 美国 ·· 62
　　5.1.1 监管法规体系 ·· 62
　　5.1.2 监管体制 ·· 66
　5.2 欧盟 ·· 69
　　5.2.1 监管法规体系 ·· 69
　　5.2.2 监管体制 ·· 72
　5.3 日本 ·· 74
　　5.3.1 监管法规体系 ·· 74
　　5.3.2 监管体制 ·· 77
　5.4 加拿大 ··· 79
　　5.4.1 监管法规体系 ·· 79
　　5.4.2 监管体制 ·· 82

5.5 澳大利亚 ………………………………………………… 84
　5.5.1 监管法规体系 ……………………………………… 84
　5.5.2 监管体制 …………………………………………… 86
5.6 启示 ……………………………………………………… 89
　5.6.1 法律规定比较具体明确 …………………………… 89
　5.6.2 通过专门法律对食药领域虚假宣传的规制 ……… 90
　5.6.3 监管责任比较明确 ………………………………… 90
　5.6.4 保健品上市后监管比较系统、科学 ……………… 91
　5.6.5 行业自我监管比较发达 …………………………… 91

第6章 我国保健市场虚假宣传与欺诈营销问题分析 …… 92
6.1 法律法规方面的问题 …………………………………… 92
　6.1.1 虚假宣传方面 ……………………………………… 92
　6.1.2 欺诈营销方面 ……………………………………… 95
6.2 监管方面的问题 ………………………………………… 96
　6.2.1 媒体、媒体监管机构、市场监管机构复杂关系
　　　　造成的监管问题 …………………………………… 96
　6.2.2 属地化监管带来的监管困扰 ……………………… 97
　6.2.3 个别地区对保健食品与保健用品区分不清 ……… 98
　6.2.4 社会监督的力量还不够 …………………………… 99
　6.2.5 多头管理带来的监管困扰 ………………………… 100
6.3 消费者教育方面的问题 ………………………………… 100
　6.3.1 消费教育缺失，理性消费能力较低 ……………… 100
　6.3.2 食物营养教育缺失，健康素养水平较低 ………… 103

第7章 典型发达国家保健食品制度及其监管 …………… 105
7.1 美国 ……………………………………………………… 105
　7.1.1 进行功能声称的食品 ……………………………… 105
　7.1.2 膳食补充剂 ………………………………………… 106
　7.1.3 日常监管 …………………………………………… 107
7.2 欧盟 ……………………………………………………… 108

7.2.1　进行营养与健康声称的食品 ………………… 108
　　7.2.2　食品补充剂 …………………………………… 110
7.3　日本 …………………………………………………… 112
　　7.3.1　特殊健康用途食品 …………………………… 112
　　7.3.2　营养功能声称食品 …………………………… 114
　　7.3.3　功能声称食品 ………………………………… 114
　　7.3.4　日常监管 ……………………………………… 115
7.4　加拿大 ………………………………………………… 116
　　7.4.1　自然健康产品 ………………………………… 116
　　7.4.2　进行健康声称的食品 ………………………… 118
7.5　澳大利亚 ……………………………………………… 120
　　7.5.1　补充药品 ……………………………………… 120
　　7.5.2　进行功能声称的食品 ………………………… 125
7.6　启示 …………………………………………………… 127
　　7.6.1　产品跨度广与功能分类化 …………………… 127
　　7.6.2　健康功能评价的科学基础应反映和包容不同的
　　　　　 哲学取向 ……………………………………… 128
　　7.6.3　产品可及性与安全性的平衡 ………………… 128
　　7.6.4　上市后监管的重要性 ………………………… 129

第8章　保健食品定位研究 …………………………………… 130
8.1　保健食品定位的历史分析 …………………………… 130
　　8.1.1　相关产品从食品药品分化中衍生阶段
　　　　　（改革开放初—1994年）…………………… 131
　　8.1.2　保健食品与保健药品并行阶段
　　　　　（1995—2003年）…………………………… 133
　　8.1.3　纳入食品注册管理阶段（2004—2014年）… 134
　　8.1.4　作为特殊食品双规制管理（2015年至今）… 135
8.2　保健食品定位的哲学基础 …………………………… 136
　　8.2.1　中医和药膳理论 ……………………………… 137

V

8.2.2　现代医学和营养学 …………………………………… 137
　　　8.2.3　二者的统一与矛盾 …………………………………… 138
　8.3　保健食品定位的属性分析 ……………………………………… 141
　　　8.3.1　划分标准的设定及操作性问题 ……………………… 142
　　　8.3.2　安全与风险的关系问题 ……………………………… 143

第9章　保健食品上市后监管问题分析 ……………………………… 144
　9.1　保健食品监管的案例分析 ……………………………………… 144
　9.2　监管中的主要问题 ……………………………………………… 146
　　　9.2.1　监管体制的影响 ……………………………………… 146
　　　9.2.2　地方保护主义问题 …………………………………… 147
　9.3　监管模式方面的问题 …………………………………………… 150
　　　9.3.1　运动式治理的不足 …………………………………… 150
　　　9.3.2　网络化带来的挑战 …………………………………… 151

第10章　日本国民消费与食品健康素养教育经验 ………………… 152
　10.1　日本对国民的消费教育 ……………………………………… 152
　　　10.1.1　消费者教育法制化 ………………………………… 152
　　　10.1.2　教育方式 …………………………………………… 154
　　　10.1.3　教育特点 …………………………………………… 158
　10.2　日本对国民的食育 …………………………………………… 160
　　　10.2.1　日本关于食育的政策 ……………………………… 160
　　　10.2.2　日本食育的实施主体 ……………………………… 164
　　　10.2.3　食育的具体措施 …………………………………… 166
　10.3　启示 …………………………………………………………… 168

第11章　保健市场治理的对策建议 ………………………………… 169
　11.1　对保健产品实行分类管理 …………………………………… 169
　11.2　花大力气解决虚假宣传与欺诈营销问题 …………………… 170
　　　11.2.1　完善有关法律法规，健全监管的法制基础 ……… 170
　　　11.2.2　明确监管分工，提升监管效能 …………………… 171

11.2.3 实行科学监管、透明监管,打破监管中的
　　　 利益保护 …………………………………… 172
11.2.4 发挥社会监督作用,推动社会共治 ………… 172
11.3 加快保健食品监管改革进程 ……………………… 173
　11.3.1 进一步明晰保健食品的制度定位 …………… 173
　11.3.2 重塑政府的监管职能定位 …………………… 174
　11.3.3 以西方营养学和传统药膳理论为依据实施
　　　　 分类化管理 …………………………………… 175
11.4 着眼长远,夯实行业规范发展的基础 ……………… 176

第1章 导 论

1.1 保健品定义

在国家层面，目前还没有保健品的法律定义。2006年，国家认证认可监督管理委员会（以下简称"国家认监委"）和卫生部联合起草的《口腔保健用品认证管理办法》（但最终没有出台）曾向社会征求意见[1]，其中对口腔保健用品的定义为"以预防、控制口腔疾病和维护口腔健康为目的，供消费者个人使用或者在口腔医学专业人员指导下使用的口腔用品"。在地方层面，有一些地方性法规或规章对保健用品的定义与监管进行了规定。

吉林省人大2017年通过的《吉林省保健用品管理条例》规定："保健用品是指直接或者间接作用于人体皮肤表面，不以治疗疾病为目的，具有调节人体机能、增进健康或者促进康复功能，并列入本省保健用品类别目录的外用产品，但是法律、行政法规另有规定的除外。"[2]

陕西省人大2010年修订的《陕西省保健用品管理条例》规定："保健用品是指药品、医疗器械、消毒产品、特殊用途化妆品以外的，以日常保健为目的，具有调节人体机能、增进健康等特定保健

---

[1] 任宣.《口腔保健用品认证管理办法》公开征求意见［J］. 中国质量认证，2006(5).
[2] 吉林省保健用品管理条例［N］. 吉林日报，2017–06–22（010）.

功能的外用产品。"❶

贵州省人大2010年通过的《贵州省保健用品管理条例》规定："保健用品是指直接或者间接作用于人体皮肤表面，不以预防和治疗疾病为目的，具有日常保健、促进康复功能的贴剂、膏剂、擦剂、喷剂等产品。但法律、法规对药品、保健食品、医疗器械、特殊用途化妆品、消毒产品、体育器械等另有规定的除外。"❷

1999年黑龙江省政府制定的《黑龙江省保健用品卫生监督管理规定》规定："保健用品系指不以治疗疾病为目的，标明具有特定保健功能的物品。保健食品、特殊用途化妆品、医疗器械、体育器械等国家法律法规另有规定的产品除外。"❸该规定现已废止。

河南省、辽宁省也曾出台相关的保健用品管理办法，现均已废止。

也有学者对保健品的定义进行了探讨，金银龙认为："保健用品是通过个人直接使用或通过媒体改善生活小环境质量等可达到调节人体机能、增进健康的物品。"❹张鸿生认为："保健用品是社会某特定个人或人群借助于一种特有的形态、质地或所释放的能量，可无病防病，可在受损的组织、器官乃至机体痊愈后使生理功能得以调节或增强，达到提高机体素质，延缓衰老的有形物品。"❺中国保健协会、国务院国有资产监督管理委员会研究中心编著的《中国保健用品产业发展报告No.1》（以下简称《保健蓝皮书》）将保健品界定为："个人不以治疗疾病而以日常保健为目的，直接或间接使用的，具有缓解疲劳、调节人体机能、预防疾病、改善亚健康状态、

---

❶ 新修《省保健用品管理条例》：严禁披药品外衣［EB/OL］．（2010-05-26）［2019-09-19］．http：//sn.people.com.cn/n/2014/0102/c358833-20290799.html．

❷ 贵州省保健用品管理条例［EB/OL］．（2016-06-08）［2019-09-19］．http：//www.sohu.com/a/81933568_435163．

❸ 黑龙江省保健用品卫生监督管理规定［J］．黑龙江政报，1999（21）．

❹ 金银龙．保健用品定义和分类方法初探［J］．中国卫生监督，1997（1）．

❺ 张鸿生．对保健用品依法实施卫生监督之浅见［J］．中国公共卫生管理，1992（4）．

促进康复等增进健康的特定功效的用品。"❶

从这些保健用品定义来看,其概念内涵与外延有大有小。狭义的保健用品概念,主要是具有保健功效的外用产品,但黑龙江省的定义没有排除消毒产品。广义的保健用品,不仅包括保健食品,也包括部分具有预防、治疗功能的药品。

1.2 相关概念与区别

1.2.1 保健食品

我国最早界定保健食品定义的法规是 1996 年为落实当时修订的《中华人民共和国食品卫生法》(以下简称《食品卫生法》)。卫生部出台的《保健食品管理办法》,对保健食品的定义为:"表明具有特定保健功能的食品。即适宜于特定人群食用,具有调节机体功能,不以治疗疾病为目的的食品。" 1997 年国家技术监督局制定的《保健(功能)食品通用标准》(GB 16740—1997)中对保健(功能)食品再次进行定义:"是食品的一个种类,具有一般食品的共性,能调节人体的机能,适于特定人群使用,但不以治疗疾病为目的。" 2014 年国家卫生和计划生育委员会(以下简称"卫计委")对这一标准进行了修订,将标准名称修改为《食品安全国家标准 保健食品》(GB 16740—2014),定义修改为:"保健食品是声称并具有特定保健功能或者以补充维生素、矿物质为目的的食品,即适于特定人群使用,具有调节机体功能,不以治疗疾病为目的,并且对人体不产生任何急性、亚急性或慢性危害的食品。"

与狭义的保健用品相比,两者的区别主要在于:①作用途径不一样。保健用品主要通过非食用的方式(如经皮肤、呼吸道等)直接(如穿、戴、坐、卧、按摩等)或间接(改善生活小环境)作用

---

❶ 河南省保健用品行业商会. 加强保健用品行业自律 规范保健用品市场秩序 努力建设规范有序诚信繁荣的保健用品市场 [N]. 郑州日报, 2019 – 05 – 15 (003).

于人体。而保健食品则必须通过食（饮）用方式作用于人体。②功效成分的性质不一样。保健用品一般采用非食用成分（如磁、电、光、声、外用药物等），而保健食品的功效成分则必须是可食用成分。❶

1.2.2 药品

《中华人民共和国药品管理法》（以下简称《药品管理法》）对药品的定义为："是指用于预防、治疗、诊断人的疾病，有目的地调节人的生理机能并规定有适应症或者功能主治、用法和用量的物质。"

可以看出，狭义的保健用品与药品的最大区别是功能定位不同，保健用品也可以像药品一样调节人体生理机能，但不用于预防、治疗、诊断疾病，不涉及功能主治。在监管制度上设定科学而又具操作性的分类标准将二者区别开来，是实现规范监管的关键。

1.2.3 医疗器械

《中华人民共和国医疗器械监督管理条例》（以下简称《医疗器械监督管理条例》）规定："医疗器械是指直接或者间接用于人体的仪器、设备、器具、体外诊断试剂及校准物、材料以及其他类似或者相关的物品，包括所需要的计算机软件；其效用主要通过物理等方式获得，不是通过药理学、免疫学或者代谢的方式获得，或者虽然有这些方式参与但是只起辅助作用；其目的是：①疾病的诊断、预防、监护、治疗或者缓解；②损伤的诊断、监护、治疗、缓解或者功能补偿；③生理结构或者生理过程的检验、替代、调节或者支持；④生命的支持或者维持；⑤妊娠控制；⑥通过对来自人体的样本进行检查，为医疗或者诊断目的提供信息。"

狭义的保健用品和医疗器械的关系和它与药品的关系相类似，主要区别在于预期用途不同，前者主要为了增进健康，后者主要用于疾病的诊断与治疗。实际监管需要根据作用方式、预期用途做综

---

❶ 金银龙. 保健用品定义和分类方法初探［J］. 中国卫生监督, 1997（1）.

合判断。一些保健用品与医疗器械、药品的界限模糊，给监管带来了不少挑战，如膏药类产品。❶

1.2.4 化妆品

化妆品在我国分为普通化妆品与特殊用途化妆品，特殊用途化妆品在国外常常被归入药品管理，主要是因为其具有一些特定功效。它与狭义保健用品的功效区别在于如何界定健康与美丽的功效界限，这也主要从目的来判断。

1.2.5 消毒产品

卫计委颁布的《消毒管理办法》规定，消毒产品分为消毒剂类、消毒器械类、卫生用品类和一次性使用医疗用品类。该办法只是列举了消毒产品的种类，并未阐明其确切的含义。回顾1992年修订颁布的《消毒管理办法》，消毒产品，是指用于或需要消毒（杀灭、消除微生物）的产品。修订后的《消毒管理办法》放弃了概念界定，目前对于何谓消毒产品，只能看其是否纳入卫生部公布的消毒产品分类目录中。2002年6月7日，卫生部就印发《消毒产品分类目录》，其后有所调整。当前最新的目录是2009年11月16日卫生部印发的《生产类别分类目录》。

消毒产品的上位法来源是《中华人民共和国传染病防治法》（以下简称《传染病防治法》）。理论上讲，消毒产品主要通过消毒防治传染病。这与我国药品的定义有一定重合。但由于卫生部门与药监部门分别监管。消毒产品被与药品被划分管理。《消毒产品标签说明书管理规范》要求消毒产品不得出现或暗示对疾病的治疗效果，不得宣称消毒、灭菌、杀菌、除菌、抗炎、消炎等。但实际当中常与药械混淆，尤其一些抗菌、抑菌制剂。

保健用品与消毒产品都属于健康产品，保健用品直接或间接地调整人体机能，但消毒产品主要是通过消毒改善卫生环境以促进健

---

❶ 汤伯兴，殷建春."神奇的膏药"该如何定性？[N]. 中国医药报，2018-10-24（003）.

康。此外，保健用品主要作用于人体，但有一些消毒产品可以作用于食品等。

1.3 保健用品的主要类型与典型违法行为

1.3.1 主要类型

按不同标准，可以将保健用品分为不同类别。如根据原理可以分为：①物理类。指采用磁、声、光、电、热、射线、机械等作用生产的。②化学类。指通过采取化学原理生产的。③药（矿）物类：指采用填充或添加药物，通过药物的自然挥发、渗透、溶出或经人为喷洒、擦洗、涂抹等使用形式起保健作用的。④生物类。指采用生物材料或物质生产的。根据使用部位可以分为：①口腔类；②视力类；③听力类；④肢体类；⑤手足类；⑥内脏类；⑦生殖器类；⑧全身类。此外，还可以根据使用群体、保健功能、使用方式等进行分类。❶

1.3.2 典型违法案例

2019年1月9日，国家市场监督管理总局（以下简称"国家市场监管总局"或"市场监督总局"）等13个部门联合开展整治保健市场问题的"百日行动"。我们收集了"百日行动"中国家市场监管总局和一些省（区、市）市场监管部门公布的典型案例（共167件）。从这些案件的违法行为来看，我们将《中华人民共和国反不正当竞争法》（以下简称《反不正当竞争法》）规定的虚假宣传和《中华人民共和国广告法》（以下简称《广告法》）规定的广告中的虚假宣传归为一类（广义上的虚假宣传），同时把具有虚假宣传的情节，使用会议营销或传销手段的情形称为欺诈营销情形。经统计，这些案例中虚假宣传102件，占61.08%；欺诈营销40件，占23.95%，二者合计占85.03%。另外，非法添加药品的7件，未取得经营许

---

❶ 金银龙. 保健用品定义和分类方法初探［J］. 中国卫生监督，1997（1）.

的 6 件，生产、销售假药的 5 件，不符合安全标准的 3 件，超范围经营 1 件，未经审查发布广告的 1 件，无中文标签的 1 件，格式条款违法的 1 件。

这些案件中的违法产品中，违法产品为进行功能声称的食品或进行药品声称的保健食品占 88 件、医疗器械 29 件；进行虚假功能声称的玉石珠宝、生发梳、长束裤、塑身衣、背心、内裤、养生鞋、饮水机、床垫、坐垫、枕头、加湿器等家纺用品、家用电器产品或电子产品 28 件，保健服务、美容服务或医疗服务 12 件，药膏、抗菌制剂、冷敷贴等药械物混合品 7 件，化妆品 4 件；扩大宣传企业自身实力的 3 件；产品性质不明的 3 件；假药 2 件；消毒产品 1 件（有些案件的产品涉及两个或多个产品类别）。

1.4 研究对象界定

基于对地方保健用品监管实践和中央 13 个部门联合开展的"百日行动"的执法经验的总结，本研究认为保健市场的产品可以分为三类：保健用品、保健食品和保健服务。其中，保健用品是指通过非食用途径直接或间接作用于人体并产生保健功效的物品，其与保健食品的区别主要是作用途径不同。保健服务是指通过按摩、推拿、艾灸等传统中医保健方式来增进健康的服务，是一种无形产品。本书主要针对保健市场监管方面存在的主要问题，在理论分析与总结发达国家经验基础上，提出治理保健市场的基本对策思路。

1.5 研究思路

本书在对保健品相关概念界定和市场监管理论梳理的基础上，将从以下五个方面展开研究。

（1）对我国保健市场问题及其治理进行整体分析，包括对保健市场问题的梳理、分类和归因，以及总结实践中我国保健市场监管的现状、做法与问题,并据此提出推动我国保健市场综合治理的总体思路。

(2)抓住目前我国保健市场存在的典型违法行为——虚假宣传与欺诈营销进行重点研究,具体从两个方面展开:一是着重研究西方发达地区如美国、欧洲、日本、加拿大等国家和地区在治理虚假宣传、广告以及营销等方面的经验;二是细致分析我国在治理保健市场虚假宣传和欺诈营销方面的主要做法和不足,进而提出对策建议。

(3)抓住目前我国保健市场的典型产品——保健食品的监管进行深入分析。同样,先梳理发达国家的某些经验,然后在分析我国保健食品监管特别是定位和上市后监管的基础上,总结我国与发达国家的异同、存在的不足,并总结可供学习的经验和做法。

(4)保健市场的综合治理离不开消费者的作用,研究还将对消费者教育进行研究,主要是对日本在消费者理性教育和健康营养教育的做法和经验进行总结。

(5)综合以上研究,最后提出我国保健市场综合治理的对策、建议。

第 2 章 相关理论基础

2.1 监管价值相关理论

2.1.1 市场失灵理论

在斯密时代,"自由放任"思想占据着主导地位,但一些经济学家发现"市场并非万能":如马歇尔在其《经济学原理》中就对"垄断"等市场失灵的表现进行了论述[1];瓦尔拉斯则认识到由于"消费者无知""公共品"等因素的存在,市场存在失效的可能。进入 20 世纪后,庇古、张伯伦、罗宾逊、萨缪尔森等经济学家的研究更是逐步涉及市场外部性、完全竞争市场状态和公共产品供给等市场失灵的多种表现[2]。而"市场失灵"一词首次见诸文献是在 1958 年的美国《经济学季刊》,麻省理工学院的贝特教授正式将外部性、公共物品、不完全竞争概括为市场失灵。自此,"市场失灵"开始被学者们广泛关注和研究。

市场失灵理论认为,在自由放任的基础上,市场经济在其自身的运行中会自发产生或不可避免地出现缺陷和弊端[3],此时完全依靠市场机制的作用已无法达到社会福利的最佳状态,无法实现资源的

---

[1] MARSHALL A. Principles of economics [M]. Beijing: China Social Sciences Pub. House, 1999.

[2] 庇古. 福利经济学 [M]. 北京:商务印书馆,2003.

[3] 蔡宇平. 论西方市场失灵理论的局限性 [J]. 财政研究,2000(8).

最优配置，同时对一些市场现象调节无力，即萨缪尔森所说的"市场机制不是万能的，有许多事情它做不好，更有一些事情它做不了，市场机制事实上无法单独发挥全部的经济职能"❶。这种市场失灵主要表现为信息不对称、外部性、公共物品、垄断四种现象，即在市场失灵这种非理想化状态下，市场参与者拥有的信息是不充分和不对称的，市场活动中存在着没有得到反映的经济交易成本或收益，市场交换制度对于消费上具有非竞争性和非排他性的公共物品而言是失效的，且存在某方力量对市场形成一定程度的控制。❷

当前市场经济条件下，保健品市场问题同样存在着深层次的经济原因：首先，保健品市场买卖双方对交易信息的掌握是不对称的，买方往往处于信息劣势，而处于有利地位的卖方基于利益最大化倾向则不会主动透露其质量缺陷等负面信息。其次，当由于个别卖方的生产质量问题造成恶性社会后果时，其承担的个人成本往往低于社会成本。❸ 此外，随着保健品市场的发展，可能出现个别卖方实力渐增进而形成对市场一定程度的控制，随意操纵价格，肆意驱逐对手……市场失灵理论的发展意味着在市场机制失效的领域，政府干预成为必然；由于此类机制缺陷的存在，引入了"管制"这一手段，而监管理论传统上正是来源于一般的政府管制经济学理论。❹

2.1.2 公共利益理论

监管公共利益理论脱胎并得益于福利经济学的发展，建立在市场失灵理论基础之上，是对于政府监管的一种规范分析框架，研究的是政府应该如何介入市场监管❺。

---

❶ 萨缪尔森，诺德豪斯. 经济学（第12版）[M]. 北京：中国发展出版社，1992.

❷ 王洪全. 基于市场失灵的美国农业保护与支持政策研究 [D]. 长春：吉林大学，2011.

❸ 白金勇. 基于市场失灵理论的食品安全问题分析 [J]. 河南科技，2013（10）.

❹ 陈兵，孙飞. 银行监管的逻辑：基于市场失灵的理论分析 [J]. 金融管理与研究，2007（2）.

❺ 淦晓磊，张群. 基于"公共利益监管理论"两个假设修正提出的政府监管有效性理论——一个文献综述 [J]. 经济研究导刊，2009（4）.

监管公共利益理论认为，市场机制在其自身的运行中不可避免地存在缺陷和弊端，出现信息不对称、外部性、垄断等问题。若对这些问题不加干预，则必然危及整个社会的福利水平。因此政府采取监管措施进行纠正，促进资源的优化配置，最大限度地增进社会福利。这一理论的立场在于监管之所以存在，是因为它反映了公众的需求，并出于这种需求对市场失灵和实践中存在的不公平行为进行纠正。❶

监管公共利益理论有三个基本假设：一是认为监管者是为公共利益服务的；二是认为监管者无所不知，拥有完全信息；三是认为监管者具有完全的信誉。这种过于理想化的假设要求政府监管部门利益公允、绝对理性、能力超群、信息完备。而在实际运行中这种假设明显不现实：公共利益理论所追求的是社会公共利益的最大化，而"社会公共利益"是一个无法从制度上进行规范的概念；与监管部门所追求的"政府利益"并不能直接等同；政府行为归根结底依然是人的行为，"理性经济人"前提提醒我们监管者自身并不是"道德超人"，监管部门也存在着被利益集团所俘获的可能。同时政府的监管能力和监管范围也存在着客观限制，作为市场机制的部分替代，也未必能直接导向最有效的资源配置结果……因此，公共利益理论虽是目前指导监管的主要理论之一，但这一理论也存在着不完善的地方❷，受到了多方质疑，其中最具代表性的是来自公共选择理论的"政府失败说"。

当前我国保健品市场依然存在交易信息不充分、虚假宣传、市场垄断等现象，不仅危及公民个体健康，还降低社会整体福利水平；虽然政府部门难以达到利益公允、绝对理性、能力超群、信息完备的理想监管状态，在市场机制已然无法实现自我调节的状态下，政府的监管和干预不可或缺。

---

❶ 刘会娟. 小学生校外托管机构政府监管问题研究 [D]. 长春：长春工业大学，2019.

❷ 郝旭光. 为公共利益监管 [N]. 上海证券报，2013－11－13 (3).

2.1.3 利益相关者理论

基于"股东至上"观点的挑战[1],英美国家开始反思其经营管理制度设计。1932年美国学者多德提出了利益相关者理论的雏形[2]。1963年,斯坦福大学学者提出:企业的生存离不开诸多与其有着亲密关系的利益群体。他将这些利益群体称为"利益相关者"[3]。此后,学界就相关概念展开了广泛的研究和讨论,诸多西方经济学家和管理学家如阿科夫(Ackoff)、多纳德逊(Donaldson)、布莱尔(Blair)、米切尔(Mitchell)等都为这一理论的形成奠定了基础。其中比较有代表性的是1984年弗里曼(Freeman)[4]提出的标准框架和范式,并将利益相关者从所有权、经济依赖性、社会利益三个角度进行了划分[5]。其经典研究成果使利益相关者观点成为一个独立的理论分支[6],标志着"利益相关者"理论正式提出。

弗里曼从严格意义上明确提出了利益相关者管理理论[7]:"利益相关者是能够影响一个组织目标的实现,或者受到一个组织实现其目标过程影响的所有个体和群体。"他认为,一切与组织利益相关的集体或个人都是组织的构成要素,对组织的管理具有不同程度的影响,均在组织管理的考虑因素范围之内。[8] 随着社会不断发展,当前

---

[1] 李宁宁. 利益相关者视角下邻避冲突的治理困境及解决机制研究[D]. 长春:长春工业大学,2018.

[2] 逄学思. 基于利益相关者视角的马铃薯主食产业化推进策略研究[D]. 北京:中国农业科学院,2019.

[3] 侯施昱. 利益相关者视角下的校企合作管理策略优化研究——以上海L高校H基地为例[D]. 上海:华东师范大学,2018.

[4] FREEMAN R E. Strategic management:A stakeholder approach[M]. Boston:Pitman,1984.

[5] 武美仙. 基于利益相关者理论的网约车商业伦理问题及对策研究——以滴滴出行为例[D]. 太原:太原理工大学,2019.

[6] 章竟. 企业社会责任视角下的公司治理完善研究[D]. 福州:福建师范大学,2013.

[7] 李旭. 农民专业合作社成长的影响因素:基于利益相关者的视角[D]. 沈阳:沈阳农业大学,2012.

[8] 喻莹. "利益相关者理论"视角下成都市高校气排球运动发展的动力机制研究[D]. 成都:成都体育学院,2019.

被普遍认可的利益相关者理论是指"在一个包含众多利益相关者的组织中,各利益相关者有着各自不同的利益诉求,其中,谁的利益诉求大,谁就应该在组织的治理中占优势地位,在治理中发挥主要作用"❶。

基于当前对利益相关者理论的共识,政府必然成为保健品市场监管领域的治理主体:一方面,保健品市场问题的发生必然危害公共利益,而公共利益诉求往往直接汇集于政府监管部门,从而使政府居于保健品市场治理中的主要地位。另一方面,政府在明确其监管主体地位后,已然与保健品企业形成同一领域内的利益相关者关系,政府作为治理主体与保健品企业在生产、销售、经营各个环节的行为休戚相关,从而进一步加强了政府部门对保健品企业社会责任和信用承诺的监管动机。

2.1.4 制度主义监管理论

自20世纪80年代开始,随着新制度主义的日益兴起,部分新制度主义研究者的研究方向转移到监管理论方面,倾向于将政治行为看作个体与制度之间互动的结果,制度主义监管理论应运而生,即"受到新制度主义理论的影响,逐渐发展完善演变而来"❷。

制度主义监管理论将制度视为影响监管行为产生及发展的核心因素。该理论认为,政府监管不仅仅是单纯的为公共利益服务,也不是政府与诸多利益相关者博弈的结果,而是特定制度的一种特定产物❸,政府、公众、利益相关者等各个行动主体的偏好都是一定的制度环境塑造出来的。关于制度主义监管理论,最具代表性的人物是汉切(L. Hancher)和墨郎(Moran)。二人曾在关于经济性监管研究的论文中提出:我们不能简单地根据对公共利益以及私人利益的

---

❶ 赵梦瑶. 基于利益相关者理论的大学治理结构研究[D]. 成都:电子科技大学,2016.
❷ 徐大同. 西方政治思想史[M]. 天津:天津教育出版社,2012:7.
❸ 杨大瀚. 公共管理视角下西方监管理论发展演进综述[J]. 管理观察,2018(23).

人为区分来研究监管，而应当从一个制度化的视角出发。❶ 此外，汉切和墨郎对这一理论的另一巨大贡献在于他们在1989年出版的《文化和经济监管》(Culture and Economic Regulation) 一书中，提出了"监管空间"的概念：包含着价值观念、制度安排、组织资源以及历史传统等要素在内的"监管空间"，是制约监管行为过程的根本因素；并指出，"监管空间不仅集中于那些介入监管活动的行为主体，更看重那些有助于建立主体间制度性联系的结构性因素"❷。尽管"监管空间"的概念存在一定的主观性与局限性，但这种整体理念仍被众多国外政治学家、公共管理学研究者所推崇，他们提出的某些观点被用来分析与描述政府监管状态，沿用至今。除"监管空间"概念与分析框架外，制度主义监管理论中还包含诸多同样具有代表性的学者观点，如谢尔林（C. D. Shearing）曾提出"构建一种包括制度因素在内的结构性的监管主义理论来解释监管行为和影响监管的原因"❸。

制度主义监管理论强调监管行为是制度的产物，从宏观环境层面揭示了政府监管行为的产生及价值；同时也为监管行为及政策研究提供了更为宏观的视野，启发我们注意对监管背后结构性因素的考察。但该理论在一定程度上忽视了微观和个体层面的研究，也致使其对监管创新行为的解释力变弱，受到部分学者的质疑。

2.2 监管策略相关理论

2.2.1 回应性监管理论

回应性监管理论诞生于20世纪60—70年代西方国家关于加强

---

❶ 刘鹏. 西方监管理论：文献综述和理论清理［J］. 中国行政管理，2009（9）.
❷ 周宪锋. 中国奶业产业发展的问题及监管研究［D］. 武汉：华中科技大学，2010.
❸ 杨大瀚. 中国地方政府危险化学品安全生产监管研究［D］. 沈阳：东北大学，2017.

政府管制和放松管制的争论之中，最早是由美国学者伊恩·艾尔斯（Ian Ayres）和澳大利亚学者约翰·布雷斯维特（John Braithwaite）在其1992年出版的《回应性监管：超越放松监管的争论》一书中提出的。他们认为，单纯使用政府监管或市场调节都不会取得最佳效果，在对政府和非政府之间最佳合作治理模式的探索中，他们提出了混合使用政府和非政府手段的监管模式，即回应性监管。❶

回应性监管理论的核心在于强调监管手段策略的多样化和监管主体的多元化。❷ 其内容主要涉及两个方面：一是纵向的监管策略的"金字塔理论"，二是横向的监管主体间监管权分配方案。该理论认为在纵向层面上，监管是一个动态合作过程。❸ 监管者应依据监管对象的回应结果，仔细辨别监管者的具体情况，在强度从低到高的微观个体强制手段或是中观行业监管策略中进行选择，但应遵循一定原则：首先考虑运用说服教育或自我监督等"软"措施，不能达到目的再逐步提高强度，把最有力的强制手段作为最后选择。在横向层面上，建立一种监管领域的利益主体对话机制，构建政府与非政府的合作监管模式，对监管权进行合理分配，依据不同的监管目标和现实状况，对不同的主体进行不同程度的监管权让渡。同时强调，尽可能让非政府组织发挥作用，政府监管的作用主要是提供战略威慑和对其他主体的自我监管行为进行监督。

回应性监管理论以"软措施"为首选的要求能有效激发社会个体的公民意识和主体精神，肯定了非政府组织在监管活动中的重要作用，促进了政府和非政府力量在监管领域的良性合作，有助于监管效果的提升，但与此同时也存在着过于强调负面处罚、诱导方法

---

❶ AYRES I, BRAITHWAITE J. Responsive regulation：Transcending the deregulation debate [M]. New York：Oxford University Press，1992.

❷ 徐鸣. 大市场监管体制改革：反思与超越——构建回应性监管新格局 [J]. 社会科学家，2017（12）.

❸ 俞可平. 当代西方政治理论的热点问题 [J]. 理论参考，2003（1）.

模糊、操作性较弱等缺陷。我国保健品市场当前治理格局还不太完善❶，行政权力处于强有力的控制地位，而非政府组织力量薄弱，行业协会独立性差；立法倾向于提高违法成本，对自我监督能力的培育倾向较弱；监管人员数量不足、监管力量结构单一、监管队伍能力有待提高等原因制约了监管领域的利益主体对话机制的形成，从而使得回应性监管的推进仍有一定困难。

2.2.2 智慧监管理论

在回应性监管提出的"监管金字塔"模型的基础上，尼尔·甘宁汉姆（Neil Gunningham）和皮特·格拉博斯基（Peter Grabosky）提出了"智慧监管（Smart Regulation）"理论❷，更加突出了被监管者和传统监管关系之外的第三方的作用，将传统金字塔模型拓展为包含政府监管、企业自我监管、第三方（商业及公益组织）监管的三维金字塔监管模型。在这种模型下，监管手段得到了进一步丰富，从而实现监管格局的全方位优化。

智慧监管理论在监管主体、监管理念、监管工具和监管效果等方面实现了对传统监管理论的继承和创新❸：相较于传统监管理论而言，智慧监管理论强调监管主体除政府部门之外，更应纳入掌握信息技术和产生各类数据的市场和社会主体；不能单一依赖命令控制型手段，而应主张政府与其他主体形成合力，构建内在的沟通、协调、对话及利益诱导机制，共同干预失范行为；加强对监管信息的统筹、关联与共享，运用大数据分析和智能化应用装备监管机构，而非仅仅依靠现场检查或专项检查等高耗低效的传统监管手段；将监管目标上升为提升服务和监管的整体相容性，追求最大化的双赢结果，而非局限于对局部监管行为的规制。

---

❶ 刘鹏，王力. 回应性监管理论及其本土适用性分析[J]. 中国人民大学学报，2016（1）.

❷ GUNNINGHAM N, GRABOSKY P. Smart regulation: Designing environment policy [M]. New York: Oxford University Press, 1998: 13-39.

❸ 叶岚，王有强. 基层智慧监管的政策过程与创新机制——以东部沿海城市区级市场监管部门为例[J]. 中国行政管理，2019（8）.

与回应性监管理论相比,智慧监管理论基于互联网大数据技术,更加强调精细化回应和监管对象自身激励机制,是当前互联网时代下,一种将监管科学和监管艺术完美结合的监管理论。❶ 该理论尤其在监管技术层面体现出对传统监管理论的超越:在移动监测、模型构建、感知对比、任务分派、问题处置、队伍监督和工作考核等多方面表现出明显的先进性。但该理论也隐含对数据收集能力、监管队伍本领和监管机构内部业务缝隙等多方面的要求。就我国保健品市场现状而言,智慧监管理论的优越性不言而喻:监管数据查询、调取与分享的效率得到极大提高,便于对监管执法活动实施过程监督与有痕管理以及对监管人员绩效量化考核等。但同时现实操作难度依然存在:市场主体的主动性和自觉性较低,监管领域理念先进性不足,数据收集技术依赖性强,监管手段传统单一,缺乏正向激励等,在一定程度上制约了该理论的深度适用。

2.2.3 整体性治理理论

1997年,整体性政府理念之父、英国著名行政学者培利·希克斯提出,以"政府再造"为目的的新公共管理运动提出政府分权、解制、重塑,其初衷是提高整体的政府管理和运作效率,但从某种程度上,这种治理理念也造成了政府部门复杂庞大、条块分割、碎片化明显,形成了独特的政府"孤岛效应",造成了政府决策系统日益复杂、决策效率低下,而改变这一模式弊端的法则就在于从分散走向集中,从部分走向整体,从破碎走向整合。❷ 随后其在著作《迈向整体的治理》中全面论述了整体性治理,标志着整体性治理理论的诞生。❸

整体性治理理论是为人民大众提供无缝隙的、全方位的、整体

---

❶ 刘鹏、李文韬. 网络订餐食品安全监管:基于智慧监管理论的视角[J]. 华中师范大学学报. 2018(1).
❷ 武晗. 整体性治理视角下的财政支出绩效评价流程研究[D]. 厦门:厦门大学,2017.
❸ PERRI 6. Towards holistic governances: The new reform agenda [M]. New York: Palgrave, 2002: 28–31.

性服务的理论。这一理论的基本内容主要包括：以解决公民的需求与问题为出发点，把公民的基本需求作为解决重点，追求最多的公共福利，期望从理论上实现由政府本位到公民本位的转化；以协调与整合作为理论的基本内容，推进部门层级的组合、各个治理功能的组合以及各种公私部门的组合，并通过进行组合保证为社会大众提供更多实惠的公共物品和更多样化的协调治理；以信任、责任感和制度化为内在要求，将互相信任、责任感以及制度建设落实到每一个整体性治理涉及的组织或部门，以推动其积极参与合作，相互配合完成治理目标；以现代化信息技术作为治理的重要手段，以信息技术在政府内部的应用促进部门之间的交流。❶❷ 整体性治理理论围绕问题的解决这一政府行动的统一目标，强调推动上下层级政府之间、不同职能部门之间以及政府与社会多元行动主体之间相互沟通协调，结成具有共同利益的网络结构，建立一种相互认同的协作关系，实现公共治理的跨界合作。❸

对于当前保健品市场而言，一方面，保健品由于身份的特殊性而长期处于行政监管的"职权交叉区"，历年来监管主体的多次调整也成为监管乏力的重要原因之一。❹ 很长一段时间，由于卫生局、工商局、药监局职权交叉，缺乏沟通协调，利益冲突难免，存在部门本位主义现象。❺ 当前，在国家市场监管总局总管全国保健品市场的背景下，由于中央和地方的机构设置不一，文件下达各地方局仍可能出现部门分治的情况，长期的碎片化治理阻碍了保健品监管水平的提高。保健品安全问题同食品安全问题一样，若是其中某个环节存在问题，销售、生产加工、种养殖等各个环节均难以独善其身，

---

❶ 李欣洁. 整体性治理视角下的食品安全监管体制研究：以 X 市为例 [D]. 南昌：江西财经大学，2019.

❷ 唐俏阳. 共享经济发展中的政府监管问题研究 [D]. 郑州：郑州大学，2019.

❸ 田璐. 基于整体性治理理论的中国食品安全监管研究 [D]. 重庆：西南政法大学，2015.

❹ 杨阳. 浅析保健品行政监管 [J]. 法制博览，2013（7）.

❺ 张茜. 我国老年人保健品安全监管法律问题与对策 [D]. 南宁：广西大学，2014.

此时便需各环节所涉及的地区整体性治理，才可全面、彻底地消除该问题。❶

2.3 监管风险相关理论

2.3.1 委托代理理论

经济学领域的"委托-代理"关系可以追溯到 16 世纪。现代意义上的委托代理理论产生于 20 世纪 70 年代末期，最早由经济学家罗斯（Ross）提出，"如果当事人双方，其中代理人一方代表委托人一方的利益行使某些决策权，则代理关系就随之产生"❷；后经詹姆斯·A. 米尔利斯（James A. Mirrlees）等学者的发展逐渐形成委托代理理论。❸ 这一理论以西方经济学中"经济人"假设为前提，认为委托人和代理人之间的互动关系是一种在信息不对称环境下，借助授权形式展开的理性利益交错的过程。❹

委托代理理论所构想的最佳状态是委托人将自己所拥有的资源的部分交由有能力的代理人，代理人则以收益最大化为目标对这些资源代为管理运营。但在实际情况中，代理人与委托人作为独立的"经济人"，其偏好并不一致，但基于其偏好的行为却一定程度上决定着委托人所需支付的成本；委托人和代理人之间存在着信息不对称现象，委托人只能知道代理结果而无法知晓代理过程；代理人行使对所委托资源的管理运营权，但却并不实际承担运营产生的经济结果……这就导致该理论的理想状态难以实现，往往存在难以规避

---

❶ 任芙英. 基于整体性治理理论的食品安全监管协同机制研究 [J]. 食品与机械, 2019（4）.

❷ ROSS S. The economic theory of agency: The principal's problem [J]. American economic review, 1973, 63（2）.

❸ 陈朝兵, 程申. 政府数据开放中的监管责任实践困境与优化路径 [J]. 情报杂志, 2019（10）.

❹ 张雪. 国家与政府间国际组织的互动关系研究——基于"委托-代理"理论 [D]. 长春：吉林大学, 2019.

的隐性道德风险。正如亚当·斯密在《国富论》中所表述的:"股份制公司中的经理人在对企业进行管理的时候,因使用的都是别人的资金,所以不会有私人公司合伙人那样的觉悟,或多或少存在一些懈怠和资源浪费的情况。"❶

保健品市场的监管行为实质上包含着多重委托代理关系:政府监管部门受消费者委托作为代理人行使监管职能;被监管企业受政府委托作为代理人完成生产活动并保证质量安全。❷ 政府监管部门自身存在自利动机和集体偏好,其代理人行为很难完全以其委托人即消费者的利益最大化为最终追求。信息地位上的不平等依然存在,作为代理人的各级监管部门,相较于其委托人拥有绝对量的信息资源和优势地位,因而极易出于维护部门利益、躲避开放风险等而采取"不开放"或"象征性开放"的策略。同样,作为代理人的被监管企业比作为其委托人的监管部门更加了解企业的内部运营情况及外部市场环境,因此,基于自身利益考量,极有可能在部分信息上采取隐瞒甚至是欺骗的策略,这样就反而加大了代理人的成本,即政府监管部门的监管难度上升……保健品市场监管中委托代理关系的种种风险亟待通过合理的激励或惩罚机制加以约束。

2.3.2 监管俘获理论

传统监管的基本逻辑是:由于市场失灵,资源配置效率低下,政府作为公共利益的天然代表必然给予干预和纠正,出于公共利益最大化的监管行为必定会增进整个社会的福利水平。但逐渐地,这种"柏拉图"式的原理开始受到学界的质疑。

20世纪70年代,将监管看作"为利益集团服务的手段和工具"的理论兴起,在其理论框架下按照产生的时间与解释的方法的差异又有不同的划分,监管俘虏理论即是其中之一。监管俘获理论的提出是基于对传统监管基本逻辑及政府管制实际效能的质疑:1971年

---

❶ 斯密. 国富论 [M]. 郭大力,土亚南,译. 西安:陕西人民出版社,2001.
❷ 王冀宁,韦浩然,庄蕾. "最严格的监管"和"最严厉的处罚"指示的食品安全治理研究——基于委托代理理论的分析 [J]. 南京工业大学学报,2018 (3).

诺贝尔经济学奖获得者斯蒂格勒（Stigler）在其开创性的研究中扩展了早期利益集团的理论观点，认为管制过程也可能被小产业集团俘获❶；1972年，乔丹（Jordan）对斯蒂格勒的实证研究做了推理，标志着监管俘获理论的正式形成。

监管俘获理论认为，所有的政府监管实质上都是基于利益集团对监管的需求而产生的，甚至可以将监管视为政府与利益集团的一种交换过程；作为监管者的政府本身也是具有自利动机的，这种自利动机的存在可能导致监管机构被利益集团所控制或俘获。该理论强调，利益集团之所以具有俘获监管者的强大动力，是因为其对于利益的绝对分配权，这种资源分配权诱发了具有巨大利益动机的被监管企业。但在此过程中，被监管对象具有一定的竞争性，其利益分化越严重则竞争越激烈，与监管机构谈判的力量也越弱。因此，为增强话语权，被监管企业往往倾向于形成合力，组成利益集团与政府进行分利协商，即为了获取利益分配而尽力游说、俘获监管机构。多数监管机构在建立初期能保持监管权的独立性，但后期往往会逐渐被利益集团俘获，难逃"监管俘获"这一怪圈。

利益集团理论打破了幼稚的"无私监管者"形象假设，但也存在某些缺陷：一定程度上忽视了政府相对于利益集团而言的自主性和主动性，将政府界定为完全被动接受游说和俘获的组织；忽视了政府自利逻辑的其他层面，如权利巩固、公共权威等，将政府利益片面理解为经济利益。就我国保健品市场而言，监管俘获理论一定程度上解释了部分政府监管失灵的问题，同时也是对监管部门的一种警醒。监管部门在监管权行使的过程中应积极引导利益集团表达合理诉求，同时应警惕利益集团的游说和俘获，最大限度地维护监管的公正合法。

2.3.3 监管政治理论

1887年以前，美国法院很长一段时间内在惩治垄断、保护产权

---

❶ 戈妍、孙杨. 解决我国银行监管效能问题的制度设计——运用管制俘获理论进行分析［J］. 南京财经大学学报，2005（5）.

等方面一直占据着主导地位，政府发挥的作用十分有限；基于这种现实背景形成的公共利益监管理论和利益集团监管理论在政府的作用方面达成了共识，认为政府本身只作为一个被动的角色，或是作为其他利益集团的工具。1887年后，美国各州和联邦政府开始进入并接管公用事业及其他许多行业的社会控制权，监管型政府开始崛起，政府的角色由被动转为主动。在这一新的历史背景下，学者们开始对过于简化政府作用和功能的监管理论进行质疑和反思，随后，旨在突出政府主动性的监管政治理论应运而生。

监管政治理论与前述理论相比，更加强调监管互动主体的多元化，将监管看作多方博弈协调的一种结果。该理论认为：政府监管并非单纯地服务于所谓的公共利益，也并非完全被动地被利益集团所俘获，而是在监管过程中具有一定的主动性和独立性，从而在公共利益、利益集团以及自身利益之间寻找某种策略性平衡。诸多关于监管政治理论的实证研究也直接表明，监管政策在本质上是国家政治逻辑的行动体现，如沃戈尔在对日本电信产业监管改革进程研究中所验证："在满足相关利益集团的同时，政府也在盘算着自身的政策议程"，"政府在监管过程中明显带有政治考量与意识形态倾向"。该理论还强调，根据监管成本和收益在相关利益方的不同分配情况，监管会呈现不同的类型。如美国著名政治学者威尔森就曾经根据监管政策的成本与收益在不同利益群体之间的分布状况，将监管政治区分为四种类型，即多数主义政治、利益集团政治、代理人政治以及企业家政治。此外，有学者认为，监管政治理论的最大发现在于，它认为利益集团在左右政府监管方面的成败取决于有关监管事项的特性。❶ 由于影响政府监管存在一定的机会成本，因此利益集团并不会介入每一项政府监管行为，至于介入与否以及介入的程度，则取决于有关事项的显著性和复杂性，即该事件的社会影响性与监管专业性。这一观点对我国保健品市场监管具有一定的启发意

---

❶ 强强.中国现行保险监管法律制度研究——以强化保险偿付能力监管为视角[D].长春：吉林大学，2010.

义：对于社会影响性较大的监管政策，政府监管部门更应警惕相关利益集团的介入和干涉；同时更加重视市场监管的专业性和技术性，以提升利益集团的介入门槛。

监管政治理论揭示出更为复杂的监管过程，引发我们思考我国政府在保健品市场监管活动中所应发挥的真正作用、应遵循的利益逻辑以及应协调的各方利益。但同时，对于监管过程中的成本与收益分布如何准确衡量，如何让我们信服政府始终能够在众多的利益集团的游说面前保持自主性、政府是否能在自利动机和利益集团游说下依然将公共利益纳入监管考虑等问题，监管政治理论给我们提供的答案似乎更为模糊不清。

第3章 我国保健市场问题全景分析：问题、危害与归因

保健市场存在的问题有无证生产、非法添加、虚假宣传、非法营销等。本章尝试对我国保健市场问题进行全景描述和综合分析，对目前保健市场存在的各种问题及其危害进行梳理、分类和归因，进而为保健市场的综合治理提供对策依据。

3.1 保健市场问题的形式与后果

当前，保健市场存在的各种问题繁杂、多样，对保健市场问题进行分析是有针对性地寻求保健市场治理之道的基础。保健市场问题可以从不同角度去分析，本书主要从两个角度进行：一是从保健市场的过程和流程，分析保健市场存在的各类问题。这有助于理解保健市场问题的具体表现，从保健市场的全流程上把握保健市场问题的呈现形式与来源，进而针对性地分析原因和寻找解决对策。二是从产生的不良后果上，全面、深入地分析保健市场问题造成的不良影响。这有助于把握保健市场问题所产生的后果，促进对保健市场问题治理的目标与任务的思考以及综合治理价值的定位。

3.1.1 保健市场问题的多种形式：基于保健市场流程的分析

3.1.1.1 生产环节

生产环节是保健市场问题的源头。从生产过程的角度，保健市

场的一系列问题主要集中在保健食品的生产资质和生产质量上。❶ 为保证保健食品的安全和质量，我们国家对保健食品实行严格的保健食品注册与备案制度以及保健食品生产许可制度❷，并制定了相关的法律法规，如《食品安全法》《食品生产许可管理办法》《保健食品注册与备案管理办法》《食品生产许可审查通则》《保健食品生产许可审查细则》。但是有的保健食品生产企业并未认真遵守相关法律法规，产环节存在生产不规范甚至违法的问题，导致保健食品的质量与安全问题。具体来看，在生产环节，保健市场存在的问题主要包括以下三类。

一是保健食品生产资质问题。保健食品的生产需要经过国家许可，取得合法资质。但是大量生产企业存在的违规生产行为，主要是指无证生产行为。这既包括未取得国家"保健食品批准证书"而生产未注册、未备案的保健食品的行为（如擅自生产保健食品、盗用保健食品批准文号、杜撰保健食品批准文号、冒用保健食品标志），也包括未取得保健食品生产行政许可而生产保健食品的行为（如未获得生产许可、超出许可和核准登记的范围、许可证有效期届满未依法延续等）。

二是保健食品生产质量问题。保健食品在获得合法有效的生产资质之后，在具体的生产过程中，也存在着不少的违规行为，影响保健食品的生产质量与安全。保健食品的生产质量问题主要存在于保健食品所含功能成分上，包括擅自更改经过国家批准的保健食品配方（非法添加）、保健食品各成分含量超标或不达标。某鉴定评测实验室梳理国家及省（区、市）市场监管部门 2010—2019 年 3 月近 10 年内保健食品的质量抽检信息，对筛选出的 565 批次不合格保健

---

❶ 相比于其他的保健产品和保健服务，保健食品是保健品中最受关注的领域。长期以来，对食品质量的重视使得对保健食品的监管也建立了相对严格的监管制度，规范化水平较高。

❷ 除保健食品以外的保健用品在生产环节的管理尚未形成国家层面统一的管理制度。在不同的省份中，有的实行保健用品注册、保健用品生产许可等，有的则没有明确相关规定。

食品的研究发现，保健食品不合格、非法添加违禁药品、功效/标志性成分虚标、微生物超标、重金属等是主要原因。❶

三是保健食品标识声称虚假或不规范行为。主要存在的问题包括：①保健食品的标签、说明书与注册或者备案的内容不一致；②保健食品的标签、说明书含有虚假内容，涉及疾病预防、治疗功能；③保健食品标签、说明中标示的主要原料、功效成分、适宜人群与含量等与国家批准的不相符合；④标注虚假生产日期等。

3.1.1.2 流通环节

流通环节是保健产品由生产者流向消费者的过程，保健市场流通环节存在的问题是目前保健市场问题的核心问题和关键问题。概括来看，流通环节的主要问题，包括以下几个方面。

（1）虚假宣传。

产品宣传是实现产品流通，促进产品从经营者向消费者转移的重要手段。在保健食品、产品和服务的流通过程中，虚假宣传的问题尤为突出。保健品的虚假宣传，主要是围绕保健品的功能声称，主要表现为两种形式，一是虚构功效，对所售普通食品、普通产品冠以保健食品、保健产品、保健服务功能，或者对保健食品、保健产品宣传缺乏相关科学证明或医学证据的治疗功能，或宣传内容与保健品实际效果不符，诱骗消费者；二是夸大功效，对所售保健食品、保健用品的性能、功能等做具有超出范围或引人误解的夸大宣传，超出功能范围或宣称具有治疗效果，误导消费者。

具体来看，保健品的虚假宣传集中体现在宣传用语上，往往通过使用模糊不清的诱导性语言❷，混淆顾客视听，同时避免陷入法律纠纷。中华文字博大精深，表达方式丰富多样，通过文字的不同表述形式，利用身患疾病的人短时间想要康复或者改善健康的心理，部分

---

❶ 不合格保健食品 三成非法添加违禁药品［EB/OL］.（2019-04-10）［2019-10-19］. http://news.southcn.com/nfdsb/content/2019-04/10/content_186602315.htm.

❷ 杨葆华. 防范保健食品功能声称虚假宣传的消费提示研究［J］. 现代营销（经营版），2019（6）.

商家将保健品原本不具备的保健功能进行不合理夸大，或者采取诱导性或易产生歧义的文字对产品进行描述，引起消费者误解而购买。

此外，除对商品本身特别是其功能进行名不副实的虚假炒作外，虚假宣传还体现在使用错误或不当的宣传手段进行宣传推广。如为提高虚假宣传效果，保健品的虚假宣传还涉嫌违法使用医疗广告用语，以医生的形象，或者借助学术机构、专家、名人的形象做权威证明，在经营场所未经授权悬挂有诱导功能的招牌等进行虚假宣传。

（2）以会议营销形式为主的非法营销。

在保健品的流通过程中，除围绕保健品功能声称存在的虚假宣传外，各种不当甚至违法的引诱式非法营销大量存在，这些非法营销主要以会议营销模式进行。会议营销成为不少保健品企业牟取暴利的方式。

保健品非法营销主要包括三步。第一步是实现人群集聚，主要瞄准老年人群体，利用他们有闲、有对健康保健的需求以及辨别能力差、容易被欺骗的特点，通过多种形式来引诱他们参与各种"免费活动"。通常有两种引诱套路：一是健康活动引诱，通过免费量血压测血糖，开展健康讲座、免费体验保健品等；二是施以动机不纯的小恩小惠，如赠送鸡蛋、小礼品等引诱消费者参加，甚至组织"免费旅游"等。第二步是在获得人群集聚后，通过会议形式向消费者进行虚假宣传、推销（如包装或串通的虚假案例、使用者现身说法等），拉拢蛊惑消费者，降低消费者的心理防备。第三步是通过引诱、哄骗甚至强迫的方式达到让消费者购买的目的。

（3）定价虚高或价格欺诈。

由于保健品含有深奥的中医药理论知识，历来给消费者的感觉都是"雾中花水中月"，在各种玄学故事的映衬下，无法让人真正了解其实际成本和实际利润。有业内人士指出：一般情况下，保健食品实际利润最低也能达到100%～200%❶；埃森哲有关报告也指出，

---

❶ 张静. 国内保健品直销经营模式探究——以权健产品销售经营为例[J]. 陕西行政学院学报，2019（2）.

保健品的平均成本只占零售价格的 10% 左右。在低成本高利润的驱动下，保健行业野蛮生产。2017 年，温州市鹿城区破获的浙江康瑞祥生物医药科技集团有限公司虚假宣传和欺诈销售保健食品案中，一盒售价为 8280 元的纳豆紫苏籽油软胶囊，成本只有几百元。❶

保健产品价格缺乏标准和透明度，往往以远高于进货价的价格进行销售，如虚假标价行为、虚假折价行为、模糊赠售行为、诱骗交易甚至价格欺骗等问题都广泛存在。除此以外，公然借保健品之名进行欺诈等违法犯罪行为也在一定程度上存在并引起社会关注。

（4）违法广告。

在保健品流通过程中，借助于各种大众媒体特别是网络新媒体进行的非法广告也广泛存在。保健品违法广告主要表现在以下方面：一是涉及疾病预防、治疗功能等；二是标示功效、安全性的断言或者保证；三是保健食品广告未声明"本品不能代替药物"；四是未经审查发布保健品广告等。

（5）传销。

保健品已经成为传销的重灾区。长期以来，传销组织利用保健市场打擦边球，以销售保健品为名，以会议营销、销售返利等形式，通过"拉人头"等方式，使得保健品成为传销组织的道具和工具❷，通过变相缴纳费用取得加入或者发展其他人员加入的资格，利用高回报的奖励制度，引诱会员发展其他人员加入，建立会员系统，形成上下线关系，组织策划传销，通过传销会议并在网络上通过上线拉下线方式进行传销。保健品领域已经成为公安部门打击传销的重点行业之一。

3.1.1.3 消费环节

消费与生产是相互促进的关系，保健市场问题在消费领域主要

---

❶ 铎印. 治理会议营销欺诈需完善法律法规［N］. 中国工商报，2018 - 04 - 25（3）.
❷ 以权健案为药引，根治保健品传销乱象［EB/OL］（2019 - 01 - 07）［2019 - 10 - 12］. https://baijiahao.baidu.com/s?id = 1622000446088346266&wfr = spider&for = pc.

有以下两种表现。

一是消费者过度追捧保健品，把保健品当药品服用。在健康养生的热潮下，购买使用各种各类保健品成为新潮。这一方面源于保健品的虚假宣传营销，另一方面与消费者缺乏健康素养相关。

二是消费者把保健品当送礼佳品，导致部分保健品价格过度虚高、过度包装等。

3.1.2 保健市场问题的后果：多重危害性

保健市场问题还需要从其带来的危害性后果加以审视、反思，这不仅有助于减轻不规范、不健康的保健市场发展带来的恶劣后果，还有助于促进对保健市场监管与治理的目标、思路以及策略的综合性思考。

3.1.2.1 保健市场问题威胁人民群众身体健康和生命安全，侵犯消费者合法权益

食品药品安全事关人民群众的身体健康和生命安全，保健市场提供的保健食品、保健药品、保健产品和保健服务，也往往与消费者、使用者的身体健康和生命安全密切相关。保健市场问题直接威胁着人民群众的身体健康和生命安全，侵犯消费者的合法权益。

保健市场发生的危害人民群众身体健康和生命安全事件已经多次发生，并引发广泛关注。首先，在保健品特别是保健食品的生产中，存在的种种不合法、不规范的问题，都可能危害和影响消费者的身体健康。其次，保健品功能的虚假宣传误导消费者对保健品的不当使用，也会威胁消费者的身体健康和生命安全。美国直销行业巨头"如新"的"G3果汁"事件中，北京年仅34岁的"如新"销售人员林某生病后，靠喝"如新"果汁"排毒"、拒绝就医最终不幸身亡，该员工的死亡引起广泛关注。作为"如新"员工，林某在世时对亲属反复强调，"生病不要去医院，喝果汁就可以"。"如新"内部培训资料也显示，"85%的药品是无效的，对病人最好的措施就

是尽量减少医疗干预"，"有病不就医、发烧是排毒"。❶ 这些因服用保健食品而导致的伤害消费者身体健康和生命安全的事件令人痛心。另外，据裁判文书网显示，仅2017年至2018年，与权健火疗店相关的"健康权""生命权"和"身体纠纷"的诉讼有7起，其中包含2例意外死亡事故。

除身体与生命健康权外，保健品引发的侵犯消费者财产权益的事件也大量存在，特别是通过欺骗、诈骗手段使大量消费者的财产权益遭受损失。据《人民日报》报道，公安机关2018年以来就已破获保健品诈骗犯罪案件3000多起，追赃挽损超过1.4亿元。❷

3.1.2.2 保健市场问题扰乱健康、规范的保健市场经营秩序

保健市场问题还扰乱保健市场经营秩序，导致企业之间的恶性竞争，不利于保健市场长远发展。无论是生产环节还是流通环节，有的保健品企业为降低生产成本，盲目追求利益最大化。保健品经营者通过虚假宣传的不正当手段获得了竞争优势，诱骗大量消费者购买自己的产品；而诚实正当的经营者会失去原有的消费群体，遭受经济损失。❸ 最终，保健市场的不正当竞争，使那些遵纪守法的优秀企业被挤垮，出现"劣币驱逐良币"现象。

3.1.2.3 保健市场问题导致保健行业的群体污名化与信任危机

保健市场问题，已经不仅局限于单个的保健品企业，还成为保健行业的群体性、行业性、普遍性现象，众多的保健品企业均存在虚假宣传、违法营销、欺诈消费等行为。这几乎成为保健品市场的"主流"，危害了保健行业的整体形象，破坏了保健品的整体信誉，成为一种群体性社会责任缺失。在任何行业，当企业社会责任的缺

---

❶ 邓海建. 如新事件应问责监管部门 [N]. 健康时报. 2019-03-26 (3).

❷ 以权健案为药引，根治保健品传销乱象 [EB/OL]. (2019-01-07) [2019-10-12]. https://baijiahao.baidu.com/s? id=1622000446088346266&wfr=spider&for=pc.

❸ 焦艳玲. 我国保健品市场虚假宣传之成因分析及名人代言的法律规制 [J]. 医学与哲学（人文社会医学版），2008（3）.

失现象成为行业式、产业链式的整体责任缺失,将导致整个行业的污名化后果,从而使消费者对行业整体产生不信任与消极评价。这不仅不利本行业的健康、长远发展,也将在更大范围内冲击社会的道德底线,以更强大的破坏力动摇整个社会的诚信机制。❶

3.1.2.4 保健市场问题危害社会伦理关系

作为保健市场问题中主要的参与者、受害者,老年人成为保健市场中的弱势群体。老年人的健康意识普遍较强,特别是退休后,更加关注自身的保健,对保健品"情有独钟"。有关部门统计显示,我国每年保健品的销售额中,老年人消费占一半以上,而其消费的大部分保健食品存在夸大功效的问题。❷ 老年人在这个过程中,不仅经济上遭到了损失,还可能在心灵上受到冲击。有调查显示,保健品事件的受害者以老年人为主。销售者通过引诱、哄骗甚至诈骗的方式,如以兑奖等诈骗支付手续费、税费等,进一步诈骗老年人的钱财,让老年人上当受骗。

老年人在购买、使用保健品的过程中,还可能进一步影响与子女的亲情关系。一些新闻报道,老年人与子女之间因购买保健品而产生矛盾纠纷,破坏了家庭和谐与亲情伦理关系。

3.2 保健市场问题成因分析

保健市场问题是一个复杂性、系统性的问题,导致问题产生的原因更是多方面、多层次的,本部分从构成保健市场的基本要素出发探讨我国保健市场问题的成因。从一般市场构成要素来看,市场主体、市场客体是基本的构成部分。任何一个市场的构成都离不开这两个基本要素,其面临的问题也与这些基本的构成要素密切相关。

---

❶ 易开刚. 群体性企业社会责任缺失的深层透视——基于责任博弈失衡的视角[J]. 经济理论与经济管理, 2012 (10).

❷ 张静. 国内保健品直销经营模式探究——以权健产品销售经营为例[J]. 陕西行政学院学报, 2019 (2).

市场主体，是指参与市场交换活动的个体和组织，以及他们的市场交换活动。市场交换活动中的主体一般有两种类型，即商品交换的卖者（生产者、供应者）、买者（消费者）。市场客体，即市场的交易对象或内容。市场客体有不同的形式，可以是有形的产品也可以是无形的服务，保健市场的客体即各种形式的保健品与保健服务。除市场主体、市场客体外，市场交易中的信息是促进市场主体与市场客体实现互动并促进交易达成的重要因素，直接影响市场交易的成败。政府作为市场经济中的"看不见的手"也发挥着重要的作用：提供了市场机制之外影响市场要素中的主客体行为以及要素流通的重要力量。基于此，本部分从保健市场的卖方、买方、信息、政府监管四个层面分析我国保健市场问题的成因。

3.2.1 保健市场的卖方：企业社会责任缺失

保健市场的卖方是保健商品、保健服务的生产者和提供者。其中，商品生产者是市场形成的基础和前提，有了商品生产者，才有其生产的商品进而有商品交换。保健市场一系列问题的根源就在于作为卖方的保健产品、保健服务的生产者和经营者的企业社会责任缺失。

所谓企业社会责任，是指企业在谋求股东利润最大化之外所负有的维护和增进社会利益的义务。[1] 早期的企业社会责任往往和做好事相联系，指那些超越商业边界和利益对社会有益的行为。[2] 但是随着市场经济不断发展，企业"做坏事"等现象日益突出，企业社会责任缺失引起关注，这主要是指那些企业出于自身利益或其他原因而没有按照社会预期以促进社会总体利益增长的方式来承担社会责任，且对社会造成明显负面影响、危害或损失的企业行为。根据企业社会责任缺失理论，虽然企业社会责任缺失具有社会危害性，但

---

[1] 董素，乔宇. 食品企业社会责任缺失原因分析及对策研究［J］. 商业经济，2011（10）.

[2] 李茜，熊杰，黄晗. 企业社会责任缺失对财务绩效的影响研究［J］. 管理学报，2018（2）.

如果采取这种行为能带来的利润远远高于投入成本，那么就有企业会采取这种行为来获取高额回报。

保健品企业受经济利益驱动，无视企业社会责任，是导致企业各种违法行为的内在驱动力。根据穆勒（Muller）等有关企业社会责任缺失行为的故意行为和无意行为分类，保健企业的社会责任缺失行为大多属于故意行为，即保健企业主动做出的，通常是为了获利而故意采取的、会对其他利益相关者造成一定伤害的行为，其目的主要是降低生产成本，获取不当得利或额外利润。❶ 具体来看，保健品企业社会责任缺失主要表现在以下两个方面：①企业法律责任缺失，公然无视法律规范。在高额利润的驱动下，个别保健品企业的生产者、经营者不惜逃避社会责任降低经营成本，片面追求经济利益，忽视甚至肆意践踏自己应该承担的社会责任。②企业伦理责任缺失。

导致保健企业社会责任缺失的原因是多方面的，一是外部环境因素（主要是行业因素）。一方面，保健行业整体上受不良氛围影响。行业内的不良价值观和运营氛围，过度的同行竞争、同质竞争和过严的行业规制等，都有可能导致企业社会责任缺失。另一方面，保健行业竞争激烈、相关信息不健全不完善等，也在一定程度上影响了保健企业承担社会责任的意识和能力。

二是企业自身社会责任意识和能力缺失。企业的价值观、文化和行为准则等组织文化因素是导致企业社会责任缺失的主要原因。有的保健企业的价值观发生偏离，面对利益诱惑，利益至上，诚信意识缺乏，不惜逃避社会责任以降低经营成本，片面追求眼前利益。目前，保健行业存在的缺乏生产资质，生产假的、不符合配方的保健品，企业为逐利以次充好、以假当真等现象，都反映了这些企业的社会价值观出现偏离，社会责任和诚信意识淡薄。

三是外部责任监督和控制因素，针对保健企业的外部责任控制

---

❶ 姜丽群. 国外企业社会责任缺失研究述评[J]. 外国经济与管理，2014（2）.

制度还不太完善,导致企业违法成本低。

3.2.2 保健市场的买方:消费不理性与消费异化

作为买方的消费者是保健市场不可缺少的主体。商品进入消费领域,消费者购买商品用以消费,不仅使得商品生产者生产的商品得以实现,也是新一轮商品生产的前提。因此,消费者是否理性也是影响市场发展的重要因素。当前,随着我国经济快速发展与人民群众生活水平的提高,日益繁盛的物质条件带来的消费主义倾向造成了诸多问题。保健市场的快速发展,与消费者的保健需求增长密切相关。消费者是保健市场中最重要的利益相关者,也是保健市场问题的最大受害者,其不理性的、异化的消费行为是导致市场问题的重要原因之一。

3.2.2.1 保健品的非理性消费

根据经济学相关理论,优化理性是个体经济行为的重要基础,它是指在既定环境条件下目标清楚(无论是最优还是满意),满足行为与目标实现相一致的逻辑关系。[1] 消费者的消费理性受到多种外部、内部因素的影响,从消费者自身的角度,为了获取社会价值做出的非理性行为,更多源于自身的消费文化观念与心理认知。这与保健品市场因自身内部原因导致的不理性消费更直接相关。动机 - 决策二分理论,可以有效分析保健品非理性消费的两种成因。

一是消费动机不理性。在保健品消费中,不理性、不健康的消费动机大量存在,集中体现在消费理念错误,健康知识缺乏,把保健当成治疗,试图通过保健品来治疗疾病。这种消费者自身错误的消费理念,被生产者和经营者加以利用,为保健市场上各种虚假宣传提供了可乘之机。

二是消费决策不理性。消费者保健品知识与识别能力不足,容易上当受骗。在保健市场中,消费者对于保健品知识的不足,受年

---

[1] 李倩倩,薛求知. 基于变革消费理念的消费者幸福模型研究 [J]. 管理学报,2018 (5).

龄、知识水平等因素的影响。以老年人为主体的消费者对保健品功效的鉴别能力不足,在消费的过程中很容易被误导甚至遭遇欺骗、诈骗。

另外,消费者质量伦理意识与维权意识落后也是重要的不理性消费表现。如消费者在选择产品时,不注重产品质量,不注意保护自身权益,缺乏质量伦理意识,在发现产品质量问题时不举报,也不利于企业质量伦理水平的提高。

3.2.2.2 保健品的异化消费

消费不仅是经济问题,还是社会问题。根据马克思主义的消费异化理论,人们以欲求而不是以基本的生存需要作为消费的出发点,从而导致人在消费活动中主体地位和理性精神的丧失,使人的本质异化到消费品的物化状态,即是消费功能发生了异化。❶ 保健市场问题也与消费者的异化消费密切相关,即保健品消费不仅仅是基于其功能,而是被赋予其他意义,进而生产者在一定程度上对消费进行操纵和控制,使消费成为一种实施社会控制的工具。具体来看,当前我国保健市场的异化消费主要表现在以下三个方面。

一是心理消费。个体购买、使用保健品在一定意义上属于心理消费。随着生活水平的提高,消费者对于健康的需求显著提升。保健品对消费者的心理安慰效应也十分显著。此外,全社会的保健热潮也推动了消费者的从众心理效应。

二是面子消费。所谓面子消费,是指为了维系面子和人际关系而购买价格昂贵和过度包装的礼品的消费行为。保健品购买并不仅仅是追求保健产品本身的使用价值,也是为了满足虚荣心,或者用以送礼,达到特定目的,导致保健产品过度包装,价格高昂。

三是情绪消费。所谓情绪消费,是指消费者心情不好或者受一些商场促销手段(打折、抽奖、赠送礼品等)或广告影响,疯狂选

---

❶ 蔡陈聪. 西方马克思主义消费异化理论[J]. 东南大学学报(哲学社会科学版), 2009 (11).

购商品后发现根本用不上或很少使用,因而后悔浪费了钱财和资源的消费行为。在保健市场上,这种情绪消费也不同程度地存在,比如消费者因保健品"健康长寿""延年益寿"等所谓的功能而购买。

3.2.3 保健市场的信息:保健品信息不对称与经营者不当信息行为

信息是市场经济得以实现的基础,一切经济活动都离不开信息的沟通。充分的、真实的、有效的信息传递是实现商品消费市场供求平衡、健康可持续发展的重要保障。在市场交易过程中,消费者对商品信息的获取首先取决于商品本身,不同属性的商品信息的获取有不同的难度,这是由商品属性客观原因导致的信息不对称。其次,经营者的不当信息行为也会导致消费者获取诱导性的、错误的、虚假的商品或服务信息,进而影响交易决策。这往往由经营者不正当的信息营销行为导致。

3.2.3.1 保健品信息不对称

所谓信息不对称,是指市场经济活动中,各类人员对有关信息的了解是有差异的,掌握信息较多的一方相对于掌握信息较少的一方,往往处于优势地位。在商品交易中,卖方作为商品的生产者或提供者,通常比买方更了解有关商品的各种信息,因此如果买方无法获取到商品的充分信息,就可能导致逆向选择,产生劣币驱逐良币的柠檬市场,损害自身合法利益。

尼尔逊按消费者获得信息的途径将商品区分为三类:搜寻品、经验品和信用品——为我们正确认识消费者如何获取有关保健品质量的信息提供了极大方便。搜寻品是指购买前消费者已掌握充分信息的商品;经验品是指只有购买使用后才能判断其质量的商品;信用品是指购买后也不能判断其质量的商品。相关保健食品、产品和服务属于信用品,通常与人们的日常生活不直接相关,对于其成分、质量、功能、效果等,往往需要一定的专业知识,普通消费者因缺乏相关经验和知识而很难判断。总体上,保健品自身客观因素导致消费者获取信息的难度,增加了信息不对称的程度,进而影响消费者的购买决策。

除了保健品客观的信息传递属性，商品信息还会受到消费者个体差异的影响，从而缩小或加剧市场的信息不对称，其中最重要的是消费者因个体的信息搜寻行为和判断能力不足影响对商品信息的差异性获取。因此，老年人作为保健市场的主要消费群体，其文化素质水平低，信息搜寻能力较差，面临的信息不对称进一步加剧，更容易在保健品虚假信息的宣传中成为受骗群体。

3.2.3.2 经营者的不当信息行为

经营者为应对激烈的竞争采取多种途径向消费者传递有关自身商品或服务的信息，这既是基本的经营活动，也有助于丰富消费者对商品的了解，促进商品的销售。营销理论与实践的快速发展，使经营者促进消费者的态度与决策日益科学化和富有经验的同时，也意味着消费者比以往更容易被"引导"。这些具有创新性、针对性、选择性的信息供给方式不断冲撞着营销伦理。

在保健市场中，保健品的生产者和经营者作为信息供给主体，由于营利目标的驱使，常常不向消费者披露和公开充分、真实、有效的消费信息❶，特别是对于一次性消费或购买频率较低的保健品，提供虚假信息传递的机会主义行为更盛。具体来看，保健品的生产者和经营者的不当信息行为（虚假宣传、虚假广告、欺诈营销等），主要表现为隐瞒或欺骗，即不予告知或虚假告知、虚假宣传等，均通过传递错误的或者诱导性信息来误导或欺骗消费者做出购买决策。虚假宣传容易导致信息过度供给、有效信息不足，进而引发消费者困惑。这不仅会对消费者个人权益及其实现造成影响，还会导致消费者决策偏差，并会因消费者的迟延决策乃至回避决策而抑制社会整体消费。

3.2.4 保健市场的政府监管：监管缺位与监管不力

政府监管是弥补市场失灵的重要手段。根据市场失灵与监管的

---

❶ 郝玉红. 消费领域信息不对称的法律矫正［J］. 经济经纬, 2007（3）.

公共利益理论，市场经济存在的垄断、外部性、信息不对称等缺陷需要政府的介入与干预。通过借助政府公共权力的有效监管可以优化竞争、促使外部性内在化，推动交易信息向不对称的弱势一方转移，从而修复市场缺陷，提高资源配置效率，维护公共利益。但是如同市场会失灵一样，政府监管自身也会失灵，当监管失灵，市场在利益最大化机制的追求下，就会产生损害消费者合法利益的行为，侵蚀健康、有效的市场以及行业发展环境。在保健品领域，政府监管失灵也是导致保健市场问题的重要原因。具体来看，保健市场的监管失灵主要表现在以下两个方面。

3.2.4.1 监管缺位

保健市场作为快速发展起来的市场，尚处于发展初期，出现的问题多样且复杂，监管在很多保健市场的具体领域、具体问题上的缺位，一定程度上是导致保健市场一系列问题发生的原因之一。监管缺位可能是由客观因素导致，这种现象类似于学者胡颖廉提出的"反向制度变迁"带来的监管空白，即新的市场监管政策尚未完善，政府纠正市场失灵的能力下降。

一方面在保健市场发展初期，政府对保健市场监管尚未建立起充分、健全的监管体系，在很多领域留有监管空间，比如相比于保健食品，保健产品、保健服务的监管不足；相比于对保健企业生产的监管，对保健产品流通环节的监管缺乏常态化、制度化的长效监管机制。

另一方面，监管缺位也可能是监管机构及其监管人员的主观原因造成的，主观的监管缺位与地方保护主义密切相关。

此外，根据监管俘获理论，在利益驱动下，监管者存在被捕获的可能性，导致监管主动缺位或者无视的现象。

3.2.4.2 监管不力

监管不力，即政府虽然介入了保健市场的监管，但是因为种种原因导致监管并未达预期，导致保健市场虽有监管却监管不好。具体来看，导致政府监管不力的原因主要包括以下方面。

第一，相关监管机构与监管人员的监管积极性不高。长期以来，监管就存在执行难的问题。❶ 当监管人员在态度上重视不够时，监管行为很难发挥应有的效用。

第二，监管的形式化问题。

第三，监管执法不严，惩罚力度不强，使得监管震慑效果不佳，约束力不强。

第四，客观的监管困境也是导致保健品企业监管不力的重要原因。作为市场监管的新兴领域，保健品特别是保健用品、保健服务区别于一般的保健食品和普通商品，其监管面对的问题更加复杂和多样化，因此面临新的监管对象、监管环境和监管问题，既需要新的监管制度与规范，也需要新的监管技术以及监管能力。这都增加了保健市场监管难度和挑战。

3.2.5 保健市场乱象产生的社会大背景

一是人民群众保健和健康需求增长。当前，中国特色社会主义进入新时代，社会主要矛盾已经转化为人民日益增长的美好生活需要和不平衡不充分的发展之间的矛盾。人民群众对健康的需求快速增长。2016 年 10 月，中共中央、国务院印发的《"健康中国 2030"规划纲要》指出，支持发展健康产业。大健康产业不同于传统医疗产业发展模式，即从以治病为中心转向以预防为中心。总之，保健市场问题在很大程度上与人民群众对健康需求的增长和一个正在发展中的不规范市场之间的矛盾密切相关。

二是老龄化进程与养老问题。保健市场的很大一部分是老龄市场，老年人也是保健市场问题最主要的受害者。事实上，伴随着我国老龄化进程，越来越多的老年人对健康的需求显著增长。同时因我国家庭结构的转变，很多老人独自居住，缺乏子女陪伴，内心孤独，面对保健品营销者的洗脑式、亲情式推销，容易被引诱和欺骗。有研究总结了保健品行业营销的三种固定套路：先打"亲情牌"，让

---

❶ 胡颖廉. 层层失守：猪肉质量监管的困局［J］. 经济社会体制比较，2014（2）.

老年人在心理、情感上产生依赖；再打"优惠牌"，老年人都愿意得到一些实惠，诸如买一送一、免费旅游等；最后打"疗效牌"，一边吓唬一边吹嘘，让老年人心甘情愿为保健品买单。因此，保健市场问题等一系列问题也离不开对老龄群体的健康与养老等问题的关注。

第4章 我国保健市场的政府监管实践与综合治理

与发达国家相比,我国保健市场尚处于起步发展阶段。保健市场的监管,利用"看得见的手"解决保健市场问题是基本措施,也是推动保健市场发展壮大,促进保健产业健康持续发展的必然要求。本章首先对我国保健市场的监管实践进行梳理,分析我国保健市场监管的主要做法以及存在的问题,探求解决保健市场问题的政府监管与综合治理之路。

4.1 我国保健市场监管的主要做法

长期以来,我国政府对保健市场的监管主要集中于保健食品领域。早在1995年出台的《食品卫生法》和1996年出台的《保健食品管理办法》两份规范性文件中,保健食品定义为"具有特定保健功能的食品,即适宜于特定人群食用,具有调节机体功能,不以治疗为目的的食品"[1],是明确的法律概念。作为一种特殊的食品,保健食品的监管遵循了食品监管的基本制度、一般原则、流程和方法等。随着保健食品需求的不断增长,有关保健食品监管的一系列法律法规制度不断完善。

与保健食品不同,保健品的概念并没有明确的法律界定,对保

---

[1] 徐娇,黄彪. 1996—2008年保健食品市场监管情况概览[J]. 中国食品卫生杂志, 2010 (4).

健食品以外的保健品的专门性监管文件也几近空白。但是近年来，随着经济发展和人民群众生活水平的提高，除保健食品以外，各种各样的保健用品也涌现市场。本部分对我国保健市场监管实践的梳理主要基于保健食品监管，同时涵盖各种类型的保健品，主要做法包括全国统一的保健市场监管制度和相关安排，也涉及各地方市场监管部门的创新性做法。

4.1.1 保健品生产经营企业的"准入监管"

保健品特别是保健食品生产企业的"准入监管"是目前保健市场监管的核心内容。因循一般食品企业监管方式，基于准入的监管可以明确企业创立所需要达到的基本条件，以保证企业具有生产合格产品的基本条件，有助于落实企业主体责任，建立健全生产质量管理体系，严格保证生产过程符合生产规范要求。在监管环境相对稳定和标准化的情况下，以"发证"为形式的市场准入监管通过对所有从事某项活动的人的行为的潜在质量进行评估，以确定其是否达到标准。这可以有效避免不符合社会利益的行为，防范风险隐患。❶

目前，我国对保健品企业特别是保健食品企业，建立了较为完善的市场准入制度。一是保健食品的注册、备案制度，对于保健食品实行注册和备案两种模式的监管要求。2016年2月，国家食品药品监督管理总局发布的《保健食品注册与备案管理办法》，对保健食品的注册条件、注册流程、注册证书管理、备案及标签、说明书等加以规定。二是保健食品生产许可制度。根据《食品生产许可管理办法》，保健食品生产需要申请食品生产许可，并作为单独食品类别列出。2017年1月1日，国家食品药品监督管理总局制定的《保健食品生产许可审查细则》开始实行，明确了保健食品生产许可审查的原则、程序以及在书面审查、现场核查等技术审查和行政审批等

---

❶ 刘亚平，梁芳. 监管国家的中国路径：以无证查出为例［J］. 学术研究，2018（9）.

方面的具体要求。

2019年8月20日，国家市场监管总局发布《保健食品原料目录与保健功能目录管理办法》，推进保健食品注册备案双轨制运行，建立开放多元的保健食品目录管理制度，以原料目录和功能目录为抓手，进一步深化"放管服"改革，通过"两个目录"实现注册备案的双轨运行、保证产品的安全有效，力争管住、管活、管优。

4.1.2 保健品生产经营企业的日常监督检查

在保健品企业获得准入和许可后，对保健品企业的日常生产经营的监督检查成为保健市场监管的重要内容，主要目的是规范保健品的生产经营秩序，保障保健品的生产安全质量。2010年4月，国家食品药品监督管理总局印发《关于加强保健食品生产经营日常监督的通知》，为保健食品生产经营日常监督检查提供了依据。其主要检查内容是保健食品生产企业的合法性，《保健食品良好生产规范》执行情况以及保健食品标签标识情况等，并进一步规定了日常检查的重点以及工作要求。2010年8月，为做好保健食品生产经营监管工作，规范保健食品生产经营监督行为，国家食品药品监督管理总局组织制定了《保健食品生产企业日常监督现场检查工作指南》《保健食品经营企业日常监督现场检查工作指南》，分别对保健食品生产企业、经营企业的日常监督现场检查提供了检查指导。2016年2月，国家食品药品监督管理总局出台《食品生产经营日常监督检查管理办法》，规定保健食品的监督检查除食品监督检查事项外，生产环节监督检查事项还包括生产者资质、产品标签及说明书、委托加工、生产管理体系等情况。

4.1.3 保健品生产经营环节的"双随机一公开"飞行检查

"双随机一公开"是国务院办公厅于2015年8月发布的《国务院办公厅关于推广随机抽查规范事中事后监管的通知》要求在全国全面推行的一种监管模式，即在监管过程中随机抽取检查对象，随机选派执法检查人员，抽查情况及查处结果及时向社会公开。作为一种事中事后监管方法，通过"双随机一公开"飞行检查，可以规范保健食品监管的执法行为，创新监管方式，增强监管执法透明度，提高监管效能。很多地方政府监管部门，在对保健企业特别是保健食品企业的日常检查中，也大力推行了此模式，大大加强了对保健食品生产经营企业的监督管理。这有助于及时发现和消除安全隐患，保证保健食品质量，督促生产经营企业切实履行主体责任。如河北省2016年印发了《河北省食品药品监督管理系统"双随机"抽查规范事中事后监管办法》，要求建立"双随机"抽查机制，依法制定随机抽查事项清单，合理确定随机抽查的比例和频次，公平、有效、透明地进行事中事后监管，转变执法理念，提高执法能力，切实履行法定监管职责。

4.1.4　保健品虚假宣传和广告监管

保健品的虚假宣传和欺诈营销已经成为保健市场监管的核心问题。对保健食品虚假宣传进行监管和治理的第一个依据是《食品安全法》。其主要集中在以下两个方面：①保健食品标签标识禁止虚假宣传，适用于《食品安全法》对食品一般标签标识的规定。生产经营者对其提供的标签、说明书的内容负责。食品和食品添加剂的标签、说明书应当清楚、明显，生产日期、保质期等事项应当显著标注，容易辨识。食品和食品添加剂与其标签、说明书的内容不符的，不得上市销售。《食品安全法》第七十八条规定，保健食品的标签、说明书不得涉及疾病预防、治疗功能，内容应当真实，与注册或者备案的内容相一致，载明适宜人群、不适宜人群、功效成分或者标志性成分及其含量等，并声明"本品不能代替药物"。②对保健食品广告的监管。根据《食品安全法》第七十九条规定，保健食品广告除应当符合本法第七十三条第一款的规定外，还应当声明"本品不能代替药物"；其内容应当经生产企业所在地省、自治区、直辖市人民政府食品药品监督管理部门审查批准，取得保健食品广告批准文件。省、自治区、直辖市人民政府食品药品监督管理部门应当公布并及时更新已经批准的保健食品广告目录以及批准的广告内容。食品生产经营者对食品广告内容的真实性、合法性负责。县级以上人民政府食品药品监督管理部门和其他有关部门以及食品检验机构、食品行业协会不得以广告或者其他形式向消费者推荐食品。消费者组织不得以收取费用或者其他牟取利益的方式向消费者推荐食品。

在具体的保健食品虚假宣传和欺诈营销案件中，主要根据《反不正当竞争法》《广告法》，将保健食品经营者等同于一般商品经营者，对其营销经营和广告等违法行为进行监管和处罚。《反不正当竞争法》第八条规定，经营者不得对其商品的性能、功能、质量、销售状况、用户评价、曾获荣誉等作虚假或者引人误解的商业宣传，欺骗、误导消费者；第二十条规定，经营者违反本法第八条规定对其商品作虚假或者引人误解的商业宣传，或者通过组织虚假交易等方式帮助其他经营者进行虚假或者引人误解的商业宣传的，由监督检查部门责令停止违法行为，处二十万元以上一百万元以下的罚款，情节严重的，处一百万元以上二百万元以下的罚款，可以吊销营业执照。《广告法》第十八条规定，保健食品广告不得含有下列内容：（一）表示功效、安全性的断言或者保证；（二）涉及疾病预防、治疗功能；（三）声称或者暗示广告商品为保障健康所必需；（四）与药品、其他保健食品进行比较；（五）利用广告代言人作推荐、证明；（六）法律、行政法规规定禁止的其他内容。保健食品广告应当显著标明"本品不能代替药物"。

近几年来，保健市场的虚假宣传集中在保健食品功能声称上，政府相关部门也出台了相关文件，加强了对保健食品功能声称的管理和约束。如2018年9月，国家市场监督管理总局发布了《关于防范保健食品功能声称虚假宣传的消费提示》，整理归纳出目前市场上常见的虚假宣传表述，并与允许声称的保健功能进行了明显对比，便于消费者理解确认。2019年8月20日，国家市场监督管理总局发布了《保健食品标注警示用语指南》，要求保健食品生产经营者在标签专门区域醒目标示"保健食品不是药物，不能代替药物治疗疾病"

等内容。让保健食品标签带上警示语可以起到有效遏制不法分子虚假夸大保健食品功效、虚假宣传疾病治疗功能的作用，从而维护消费者合法权益。

4.1.5 保健品市场专项整治

对保健市场领域比较常见、严重的问题进行专项整治，集中力量、资源进行全面排查检查，集中查办、曝光一批典型案件，在短时间内对特定问题形成高压态势。保健品欺诈和虚假宣传整治工作也是从保健食品领域开始。2017年7月，国务院食品安全办牵头，联合九部门印发了《食品保健食品欺诈和虚假宣传整治方案》，在全国开展食品保健食品欺诈和虚假宣传整治工作，严厉打击违规营销宣传功效、误导和欺骗消费者等违法行为。2019年1月8日起，国家市场监督管理总局等13个部门宣布，在全国范围内集中开展为期100天的联合整治保健市场问题"百日行动"。通过集中整治，要求各监管部门对本辖区内重点案件、重点行业、重点人群所反映出来的营销模式、经营特点及问题成因进行全面排查分析，强化跨部门的执法联动，重点查办一批情节严重、影响恶劣的大案要案，有力震慑违法经营者。

4.1.6 保健品领域消费者权益保护

消费者是保健市场的重要主体，重视消费者自身权益的保护，不仅能更好地满足人民日益增长的美好生活需要，也对营造公平竞争的市场环境和安全放心的消费环境有着重要作用。在保健市场领域，监管机构也十分重视消费者权益保护。一方面是加强宣传。基层市场监管部门通过各种方式、各种渠道开展保健品消费宣传，引导消费者特别是老年消费者理性消费，避免上当受骗。另一方面是加强对消费者合法权益被侵害的事后维权。政府监管部门，通过设立群众举报投诉渠道如热线电话和官方网站等，及时回应并处理保健品领域的消费者投诉。

4.2 我国保健市场监管存在的问题分析

4.2.1 对保健食品以外的保健用品和保健服务监管不足

无论是市场准入还是流通过程，对保健品的监管以保健食品为主，对其他保健产品的监管不够，相关专门的法律法规制度较少。这一方面是由于保健产业直到最近几年才伴随着人民群众保健需求的增长而逐渐发展壮大起来，初期的保健产品主要是保健食品，保健食品的规制也成为过去几年保健市场监管的重点。另一方面，保健食品作为一种特殊食品，与人民群众的身体健康和生命安全息息相关，因此在国家重视食品安全的大环境下，保健食品监管既是市场监管的重点领域，同时依托食品监管领域的相关法律法规制度，对保健食品的监管也有相对完善、健全的法律法规文件。相对而言，对保健食品以外的保健用品和保健服务监管不足。

首先，从市场准入来看，保健用品、保健服务的准入门槛较低。

其次，在流通领域，随着保健品的虚假宣传和欺诈营销成为保健市场的核心问题，加强对流通过程的经营宣传行为的监管十分重要。目前，保健食品的虚假宣传和欺诈营销的监管有《食品安全法》作为依据，但是对保健用品、保健服务的监管依然没有专门的法律法规文件，只能适用《反不正当竞争法》《广告法》或者《中华人民共和国刑法》（以下简称《刑法》）等一般法律进行处罚。这忽略了保健品宣传和营销的一些特殊渠道和特殊方法，影响了监管效果。

4.2.2 市场准入的"发证式"监管存在的不足

这种"发证式"监管有其优越性，可以向消费者披露厂商具备的生产资质和能力。学者刘亚平认为，基于准入的监管需要特定的条件，当监管对象规模大、相似度高时，标准化可以节省成本，但是当大量中小企业存在时，标准化的准入控制可能在一定程度上失效，导致大量无证经营的机会主义行为存在。我国的保健市场领域也是如此，存在着大量小规模的、分散的、多样化的生产者、经营者。由于办证成本高昂，同时结合无证查处的概率和惩罚损失的综合考虑，他们往往铤而走险。事实上，保健企业无证经营行为正是"发证式"监管在保健市场特定发展阶段的必然反映。

另外，基于准入的市场监管是一种有关生产资格的事前监管。假定一旦通过审批，获得生产资格的企业即可生产合格的产品，因而监管者往往放松甚至忽视对生产过程的监管，耗费大量精力用于围堵"无证"生产经营活动。但是所谓的"查无"在很多时候意味着监管重心在于是否有证❶，关注的是对没有发证的企业的围堵，至于无证的企业是否能够生产和销售合格食品，并不是监管者关注的重心，这就导致忽视对"有证"企业的监管。

事实上，政府对准入监管的控制使得"发证"政府与获证企业的利益捆绑在一起，以至于企业一出问题，公众首先想到的不是企业本身的问题，而是政府的问题，由此政府承担的是全部的责任。在此情况下，政府对监管人员事后追责也进一步加强，一旦发生安全事件，特别是社会反响巨大的事件，政府往往严格问责以向民众交代。

4.2.3 对保健品企业日常监督检查的常态化、规范化水平不高

市场准入事前监管的长期重视，使得过程中的监管在很大程度上被忽视。对监管人员的日常监管目前并没有太多的规范，基本处于放任状态。这一方面是由于上述"发证"式监管导致的过于重视事前准入控制，而忽视事中的生产过程监管；另一方面，保健品企业众多，同时监管执法任务集中于基层监管机关，存在人力物力有限而监管任务众多的矛盾，这使得日常监管的常态化机制难以建立。另外，对保健品生产经营企业的日常监督检查出台的某些制度性文件，多为日常监督检查的一般原则性规定，指导性待加强。

4.2.4 保健市场流通过程的虚假宣传和欺诈营销监管成为"弱项"

目前，我国对保健产品生产环节的监管采取注册备案制度和生

---

❶ 刘亚平. 中国式监管的问题与反思：以食品安全为例［J］. 政治学研究，2011（2）.

产许可制度，已经基本建立起相对规范化、常态化的机制，但是在流通环节，有关保健品的虚假宣传和欺诈营销成为监管的弱势区域。对保健品虚假宣传和欺诈的执法依据主要为《反不正当竞争法》《广告法》，保健食品除以上两个法律外，还包括《食品安全法》《食品广告发布暂行规定》等。

另外，从内容上来看，主要的法律文件对虚假宣传和欺诈营销进行规范约束的内容集中在保健食品的功能声称上。这就使得对其他方式的一些虚假宣传监管存在漏洞，比如保健食品不允许声称治疗功能，但被允许声称拥有各种所谓的保健功能，而这方面的规定不规范。同时，关于保健食品经营者虚假宣传、欺诈营销等行为，目前的欺诈禁止制度主要是以保证信息内容真实性、全面性为核心的，难以覆盖信息表达方式、发布方式等方面。事实上，目前保健品宣传、广告、营销的虚假性有很大一部分在于信息表达方式和发布方式，而不仅仅在于所发布的信息内容。总体上，针对保健市场流通过程的虚假宣传和欺诈营销尚缺乏系统的、专门的法律法规，这导致监管的灰色地带大量存在。

4.2.5 运动式监管难以建立保健市场治理的长效高压机制

在保健市场发展初期，针对我国保健市场问题的监管，主要通过集中整治、专项治理的运动式监管推进。这种监管工作模式有优势，可以在较短时间内集中力量解决问题，对典型大要案的处理可起到震慑作用。但是运动式监管也存在一些问题，比如监管的制度规范约束不足、缺乏持续性等。

首先，运动式监管往往是问题驱动监管。问题驱动的监管是事后监管，是在出现一系列问题，带来较大程度危害的前提下的被动式监管，难以起到预防作用。

其次，运动式监管也具有明显的任务指令性，影响基层监管的主动性与自主性。一方面，运动式监管有助于对地方基层的监管行为进行控制和约束，给予指导。但是频繁的监管任务下发，可能导致地方监管部门和监管人员疲于应付，出现走过场式监管。另一方面，地方监管也有其独特性，不同的地区经济发展水平、保健企业以及消费者的习惯、需求都有所差异，任务指令型监管在一定程度上忽视了地方的特殊性。

最后，运动式监管也多是惩罚性监管，具有威慑效果。从结果来看，目前保健市场的监管以惩罚式为主，市场监管部门对保健品生产经营单位按照法律程序进行检查，对违法行为可以采取行政强制措施，如查封和扣押。惩罚监管可能造成过犹不及，影响保健市场发展。

4.2.6 消费者端的监管效用尚未充分发挥

消费者作为保健市场的直接参与者，是重要的外部监督主体。政府对保健市场的监管和治理，也必须充分发挥消费者的作用，实现不同监管主体的合力。目前消费者的监管效用尚未充分发挥。首先，重视保健品领域消费者权益保护工作是加强保健品市场监管的重要组成部分。它不同于直接面向生产和经营者的监管，而是通过消费者维护自身合法权益的行为，实现有效监管。但是目前我国保健品消费者寻求权益保护的途径、平台并不顺畅，或者消费者提出了权益保护诉求，但是相关部门并未引起足够重视。这一方面可能是相关部门处理投诉的态度和效率的问题，但更多的原因在于相关法律法规缺乏，执法依据不足；另一方面，消费者的监管效用发挥受到消费者个人对保健品的认识、识别能力的影响。

4.3 监管与超越监管：完善保健市场综合治理的思路

强大的产业与强大的监管互为支撑。保健市场的健康、持续发展，一方面需要构建高效的监管体系；另一方面，也需要超越监管，运用更多治理工具，解决企业社会责任缺失行为，引导消费者健康理性消费，规范保健市场的信息传递，促进保健市场的信息对称。

4.3.1 构建保健品生产经营者的内部与外部责任机制

保健品生产经营者的企业社会责任缺失是保健市场一系列问题

的根源。提升保健品企业的社会责任意识，减少失责和败德行为，需要同时构建保健品生产经营企业的内在与外在社会责任控制机制。

4.3.1.1 保健品生产经营者的内在责任机制

内在责任机制是一种自律机制，引导保健品生产经营企业树立企业责任意识，自发履行企业社会责任，杜绝企业社会责任缺失行为，是从根本上减少保健品问题的必然要求。企业内在责任机制建设，是要引导生产经营企业充分认识并承担企业自身的社会责任。当今社会，保健品企业要想获得成长和长久的财富，就要增强社会责任意识，并自觉践行社会责任，将履行社会责任纳入企业的战略、经营、人力资源和管理系统中，并视为企业价值观的重要组成部分，让其在企业的发展和文化的建设中得到贯彻和落实。具体来看，加强保健品生产经营企业自身责任建设，可以采取如下举措。

一是引导企业树立正确的经营哲学、价值观、伦理观等，构建良好的企业文化。

二是开展企业责任和商业伦理教育。在保健品行业，开展企业责任和商业伦理教育，可以充分发挥相关行业协会的作用，综合利用引导、教育、宣传等多种方式，传播企业社会责任和伦理知识，分析企业社会责任履行、缺失行为案例，不断增强企业管理者以及员工的社会责任伦理意识。

三是鼓励企业内部组建社会责任监督机构，推动保健品企业组织机构创新。在企业组织权力结构内部设立负责企业社会责任建设与运行的机构，专门负责管理企业社会责任事项。

4.3.1.2 保健品生产经营者的外在责任机制

外在责任机制是一种他律机制。缺乏外部的监督和控制，使得企业钻制度漏洞的行为大量存在。建立健全保健品生产经营者的外在责任机制，成为减少保健品企业失责、败德行为的关键。

一是尝试建立保健企业社会责任标准化体系。国际性、权威性的社会责任标准 SA 8000 的认证程序，要求企业在童工、强制雇用、健康安全、惩罚措施、工作时间和报酬等方面满足一定的条件。在保健品生产企业中，也可以效仿一般企业社会责任标准，构建适合保健品生产经营行业的社会责任体系。这一工作可通过保健品领域相关行业协会负责，不断加强行业自律。

二是推进保健品企业信用体系和信用管理制度建设。信用是现代市场经济的基本前提，也是建立、完善社会主义市场经济体系的必然要求。首先，要建立健全保健品行业信用管理制度。对全行业的所有生产经营企业和单位实行全面信用管理，包括信用信息征集、信用状况评价、信用信息披露、诚信行为褒奖、失信行为惩处等，把生产经营企业和单位的经济活动与信用管理紧密结合起来。其次，对保健品企业信用安全评级结果在媒体上定期公开发布，以对保健品生产企业起到警示作用，也对消费者购买保健品起到重要的参考作用。最后，对具有良好信用的企业在项目建设、信贷、生产、行政许可方面予以支持；对出现保健品质量安全、虚假宣传、欺诈营销等问题的企业予以警告直至退出市场。

三是构建对企业社会责任缺失行为的多主体监督机制。一是建立保健品企业之间的联合监督机制。通过企业间的互相监督、互相举报，打造透明、公开的产业链和行业发展环境。二是加强相关行业协会和社会组织的监督。行业协会等社会组织对行业发展的监督有其优势，可以在行业整体协调发展、信息共享、行为规范、风险规避等方面发挥指导和协调作用。其三是公众和媒体的监督。其四是加强政府的监督。政府监督的权力属性决定了相比于其他监督是可以直接产生法律效力的监督。因此必须加强监督和治理，做到有法必依，执法必严。

4.3.2 重视消费者教育，提升保健品消费理性

保健市场的综合治理不仅需要从生产者、经营者等卖方角度对保健品的源头加以治理，也要依靠产品市场的终端即消费者端施加影响。随着公众对保健品消费需求的快速增长，保健品消费教育变得十分重要。这有助于促进消费者形成理性的、健康的消费理念。从内容供给来看，消费者教育既包括有关保健品本身的消费理念、

知识的教育,也包括超越保健品的正确的消费观、价值观的引导和塑造。其具体包括以下四个方面。

第一,引导消费者树立正确的保健理念。开展保健品消费者教育,首要工作即是引导消费者形成健康的保健消费理念,引导消费者理性消费。一方面,要加强保健养生的宣传教育,使公众有正常渠道获取正确的、科学的健康养生知识。另一方面,对社会上各种伪科学、忽悠式、虚假夸大的保健养生宣传进行综合治理,重点打击以老年人为对象的、以牟利为目的伪科学宣传,同时对微博、微信等社交媒体平台进行大范围传播的虚假养生宣传加大打击和责任追究力度。

第二,增加消费者的保健品知识和辨别保健品的能力。当前,应该通过多种形式大力加强有关保健品知识宣传,传递保健品相关信息,增强消费者对于保健品安全问题的识别能力和防范意识,减少上当行为的发生。

第三,提升保健品消费者的消费伦理意识。保健品生产以及流通过程规范不仅是企业和政府的责任,消费者也同样有着重要责任,消费者消费伦理意识会影响消费行为进而反作用于企业。事实上,保健市场问题不仅源于企业自身伦理意识的缺乏,也源于公众伦理意识的不足。提升消费者对保健品的消费伦理意识,一方面是对正品的消费意识,消费者应当通过正规渠道、购买正规品牌的保健品,不要因为贪图小便宜,购买"三无"保健品。另一方面是对营销规范的伦理要求。很多消费者贪图营销者送的免费礼品或者受其他利益诱惑,对保健品营销过程中的虚假宣传和欺诈营销视而不见,不仅不举报,还充当帮凶,拉拢亲朋好友上当。作为消费者,应该从消费伦理出发,自觉远离这些虚假的欺诈性的营销活动,一旦发现违法活动更要及时举报,勿做帮凶。

第四,引导保健品消费者构建变革型消费理念。变革型消费理念关注消费智慧,在行为上抵制贪婪消费、重复消费和向往消费等全球范围内的过度消费行为。在保健品的消费上,也要引导消费者树立变革型消费理念,关注保健品的真实功能,减少不切实际、不符合自身需求的跟风消费、面子消费等。

4.3.3 促进保健品信息对称和规范营销信息传递

生产者和消费者之间的信息对称,是影响消费者做出理性决策的重要因素。当前,减少保健品消费的市场信息不对称,规范保健品生产经营企业的营销行为,实现保健品信息传递的便捷性、真实性和准确性,将显著促进消费者对保健品信息的获得、认知和利用,提升消费者理性消费意识。

4.3.3.1 促进保健品信息对称

我国实际上已经通过消费者知情权来确保消费者获得商品信息,比如我国的《消费者权益保护法》《产品质量法》《产品标识标注规定》《食品标签通用标准》《消费品使用说明总则》等均明确规定了生产经营者有向消费者提供相关产品或服务的质量信息的义务。但是从现实来看,消费者的知情权并未得到充分保障。在保健品领域,必须加大保健品消费者知情权的保障,促进保健品信息的充分对称。其主要措施如下。

一是建立健全企业保健品信息披露制度。首先,要完善现有的企业信息披露制度,比如对于保健品经营者信息披露的规则要不断优化,不仅局限于保健品功能的声称,还要完善对信息披露发布的形式性要求等。其次,要进一步完善责任追究机制,对未按要求进行信息披露的生产经营者进行责任追究。目前,消费者知情权和生产经营者强制性披露义务在我国相关法律规定中都有明确要求,但是对于违反或未履行强制性信息披露义务只设置了行政责任,没有规定相应的民事责任。最后,构建保健品生产经营者信息披露的激励机制,鼓励经营者通过各种方式显示自己的产品或服务质量好的信号,建立良好的商业信誉,或通过向消费者收集反馈信息,建立

信息互容激励机制。❶

二是建立第三方信息供给机制。政府监管机构在披露保健品信息方面具有强制性和权威性，但是往往只涉及最基本的信息供给，不能较好地满足消费者多元化的需求。鼓励第三方机构参与保健品信息提供，不仅可以弥补政府在提供保健品信息方面的不足，而且可以充分发挥第三方机构提供信息的优势。目前，第三方机构主要是保健品领域的行业协会和社会组织，通过行业组织的专业优势和信誉优势，可以将保健品信息通过更多样化的方式进行披露和转化，如认证标识和产品评级等，以确保保健品信息真实有效地向消费者传递，促使供需双方完成交易。

三是搭建专门的保健品信息服务平台。这是从消费者角度，促进保健品信息更加方便、快捷、低成本地流向消费者。随着信息和通信技术的发展，政府应当不断拓展保健品信息传播渠道、平台和技术，创新信息发布形式，提高消费者保健品信息获取的效率和效益。

4.3.3.2 规范保健品营销信息传递

目前，保健品虚假宣传和欺诈营销等不当营销行为大量存在，致使消费者在错误或不真实信息情况下做出消费决策。因此规范保健品真实信息传递，也是促进消费者理性健康消费的重要基础。

一是加强保健品经营者的营销伦理道德建设。营销道德是企业与消费者价值相互增益的哲学，要求营销活动必须符合广大消费者及社会的利益要求，营销道德不是一种抽象的标准，而是一种可以付之于实践的行为标准。❷ 加强保健品企业营销伦理道德建设，一方面要提升保健品生产经营企业的营销伦理道德意识，另一方面也要对当前的虚假宣传和欺诈营销行为进行严肃治理，以减少保健品生

---

❶ 董成惠. 从信息不对称看消费者知情权［J］. 海南大学学报（人文社会科学版），2006（1）.

❷ 王红霞. 从引人误认到引人困惑：经营者新型不当信息行为及其规制［J］. 法学评论（双月刊），2018（4）.

产经营企业的不道德营销行为。

二是推进保健品经营者信息营销行为法律规范建设。特别是针对目前保健品营销中的虚假宣传、欺诈营销等，必须尽快制定法律法规加以约束，比如尽快确立虚假营销行为侵权的法律责任，提高虚假宣传和欺诈营销的违法成本，适当减轻消费者的证明责任等。

三是保健品不当信息行为的赔偿性责任追究。目前，针对保健品虚假宣传、欺诈营销等主要是行政责任的追究，对于因不当信息行为给消费者造成损失的民事赔偿责任机制尚未有效建立。应当进一步完善相关法律法规，构建消费者因生产经营者非法营销行为造成的个人生命健康、财产等合法权益损失的多重救济机制。

4.3.4 提升监管效能，克服监管失灵

4.3.4.1 监管理念：实现多主体监管、风险性监管和激励性监管

现代化的监管理念转型是提升政府监管效能的重要基础。当前，保健市场的监管理念也要遵循市场监管理念的一般趋势，实现多主体监管、风险性监管和激励性监管。

一是多主体监管。在推动国家治理体系和治理能力现代化的背景下，治理的主体不再局限于政府，而强调不同治理主体的协同合作。在政府之外，推动保健市场监管的多主体治理，也是解决政府自身监管能力、监管资源不足，以及促进监管效率和效能的重要手段。具体来看，当前推动保健市场的协同治理，尤其重视保健品行业协会与保健品消费者对保健市场治理的参与可从以下两个方面着手：①促进保健品相关行业协会和社会组织的参与，加强行业自律。保健品相关行业协会置于行业中间，对保健品行业的发展情况以及问题通常有最全面的了解，可以联系生产经营者，制定行业标准、行业规范，引导保健品生产经营者依法生产经营，推动行业诚信建设。此外，保健品行业相关协会与社会组织还可以与政府监管部门加强联系合作，比如政府可以考虑通过多种形式委托授权行业协会开展某些监管的技术性和非权力性活动，如进行保健品政策宣传、产品检验、信誉评定、信息公开等，不仅可以降低政府的监管成本，

也有利于监管效能的改善。②促进消费者参与保健市场监管。消费者是保健品问题的直接受害者，消费者参与保健食品治理是绝对必要的。首先，要向消费者进行教育和法律宣传，提高消费者食品安全知识水平、食品安全意识与识辨能力，使广大消费者参与食品安全治理工作，自觉抵制不安全食品，积极投诉举报食品违法行为，有效促进食品行业经营秩序的良性发展。其次，消费者还可以通过权益保护机制参与监管。政府应该不断完善消费者权益保护制度，为消费者在购买使用保健品过程中权益救济提供便捷、多样化的渠道和平台，降低举证、流程、期限等方面的阻碍，促进消费者维权。

二是风险性监管。风险与人们的日常生活相伴相随，已成为一种常态，以风险为基础的治理理念逐渐形成共识❶，保健市场的监管也必须建立在对产品风险的科学评估之上。从本质来看，保健市场的风险监管体现在风险的预防性原则上，以往的监管强调的是强证据，即需要有科学证据证明物品或产品的危害才能为政府的介入和干预提供正当的理由。但是有些风险可能在当前的认知水平下无法被识别出来，但它仍然可能是巨大的风险。预防性原则意味着即使在科学证据并不充分或未能完全确定的情况下，高水平的保护措施仍然能够被合理地应用到食品安全监管中去。它通过预先消除可能存在的风险的方式，从坐以待毙转为主动出击，为消费者提供更大程度的保护。具体到保健市场的风险性监管，要特别注意保健市场风险评估，从保健品准入、原辅材料采购、添加剂使用、生产过程控制、广告宣传、商品经销行为、商品售后服务等各环节的风险点出发，设置定性和定量风险评价指标，在大量收集相关信息和数据的基础上，构建保健市场风险信息库，识别保健市场监管中最有价值的风险聚焦点、常发点，据此配备相应的监管人员和技术设备，并动员政府各部门以及政府之外的各种力量共同参与。

三是激励性监管。激励性监管是相对于过去命令控制型监管模

---

❶ 刘亚平．基于风险的多层治理体系——以欧盟食品安全监管为例［J］．中山大学学报，2015（4）．

式而言，以利益诱导和民主柔性的方式促使被监管企业的生产安全和产品质量处于可能达到的最高水平，以弥补传统命令控制型监管模式之不足。在保健市场领域，推行激励性监管，可以打破监管机构和被监管企业间的信息不对称，同时降低政府的监管成本，弥补监管资源不足等问题。激励性监管的具体实施则主要是通过利益诱使生产经营企业做出合规行为，具体表现为以行政奖励作为激励的回应，辅以高额处罚作为激励监管的保障。行政奖励的内容包括物质权益和精神权益。物质权益属于直接的经济刺激，包括奖金、减免税收、财政补贴、低息贷款、优先采购、优先立项、投资倾斜、技术开发资助、产品定价优惠、市场优先准入等；精神权益包括授予荣誉、提升信用等级、表彰性宣传等。

4.3.4.2 监管内容：加强对保健市场监管弱势领域的治理

从监管内容上来看，目前我国保健市场的监管存在不少的问题密集领域和监管弱势领域，应当着重加强对这些领域和问题的监管。

一是加强对保健市场生产过程存在的非法添加等生产质量问题的监管。这意味着政府监管的中心应当从"准入"的发证式监管更多转向对"获证"后的生产过程的监管。要加快建立完善针对保健品生产经营企业日常监督检查的相关制度，同时增大执法检查频率，加大惩处力度，确保生产经营企业的违法成本足以约束生产经营者的机会主义行为。

二是加强对虚假宣传和欺诈营销的治理。目前要继续加强对功能声称的监管，严厉打击那些在功能声称上做文章、误导消费者的行为，继续完善相关制度，如取消部分保健品功能、调整保健功能用语、标签警示用语。除关注内容的功能声称外，还要重视功能声称的不同形式的治理，比如，目前广告审查规定只针对广告内容作了规定，对于会议宣传、口头宣传、宣传手册等内容未做具体的规定。监管部门对于违法宣传的行为发现后也没有明确的法规规定为依据，只能以口头警告或者少量罚款了事，经营企业违法处罚的成本远远低于它销售所得的利润。加强对虚假宣传、欺诈营销、虚假广告等的监管目前成为保健品监管的核心内容。

三是针对老年人的传销诈骗。在保健品销售过程中，专门骗取老年人钱财的会议营销猖獗，带有极强的欺骗性，严重侵害了广大老年人的合法权益，必须依法予以严加整治。《刑法》第二百二十四条规定，组织、领导以推销商品、提供服务等经营活动为名，要求参加者购买商品、服务等方式获得加入资格，骗取财物，扰乱经济社会秩序的传销活动的，处五年以下有期徒刑或者拘役，并处罚金；情节严重的，处五年以上有期徒刑，并处罚金。相关部门应严格执法、严格司法，对非法会议营销骗取老年人钱财的行为，出重拳，严打顶风作案的不法人员，保障老年人的合法权益不受侵害。针对会议营销，应尽快完善法律法规，对会议营销虚假宣传及欺诈的定性进一步明晰，为行政机关执法监管提供法律利器。依法从快从重从严处理违法经营者，也要进一步升级监管手段。如对出租场所的行为人进行连带处罚，以连带责任制倒逼出租场地经营者主动承担审查责任，不敢、不能将场地租给骗子开展非法会议营销，从源头上遏制会议营销的泛滥。

4.3.4.3 监管过程：完善监管制度设计和加强监管执法

从监管过程来看，保健市场监管包括监管立法和监管执法两个阶段。

首先，从监管立法的角度，即通过出台相关法律法规文件，明确保健市场监管的基本制度。我国以往的保健产品主要是保健食品，围绕保健食品的主要监管法律依据是《食品安全法》，但保健品目前仍无明确法律界定，因此，加强保健品监管制度设计，必须首先对保健品产品进行界定，厘清不同类型保健品的属性差异；并以此为基础实行保健品分类管理制度，不断完善有关保健品治理的法律、规章、条例、规则等，为保健品监管提供基本法律依据。从具体内容来看，保健品监管法律法规制定与制度设计要侧重以下两个方面：一是专门的保健食品监管制度。长期以来，保健食品的监管也主要依据食品监管的法律文件，因此依据保健食品区别于一般食品的独特性，制定一部保健食品监管的专门规范性文件迫在眉睫。二是加强对保健品的流通环节的监管。目前，对保健品流通环节的治理是政府监管工作的重中之重，但是仅有的《反不正当竞争法》《广告法》《消费者权益保护法》等对保健市场新出现的虚假宣传、欺诈营销、非法传销等相关问题的治理，要么存在制度空白缺乏监管依据，要么处罚力度小，起不到震慑效果，尽快制定针对保健市场各种虚假宣传行为进行新的立法设计和立法优化，包括企业营销宣传的一般原则、内容、审核主体、发布程序等，都进行专门性的界定，防止立法滞后将导致监管无法可依，进而出现监管空白和监管师出无名。

其次，监管执法。制定的监管法规文件和制度必须通过执法过程加以实施，才能真正起到监管效果。目前，我国保健市场监管必须进一步加强监管执法，提高监管效能。第一，要提高监管部门和监管人员的执法积极性，认识到监管活动的重要性和严肃性。这一方面要通过监管人员的宣传和教育，提高监管人员对待监管工作的认识，引导监管人员建立正确的监管理念；另一方面也要加强对监管人员的考核，对监管的效能进行评价，并追究相应的监管责任。第二，要加强保健市场日常监管执法的频率。提升执法频率会提高保健市场违法行为被发现和惩罚的力度，引导被监管者依法开展生产经营活动。第三，对于监管执法中发现的违法生产经营和虚假宣传、欺诈营销等行为，必须严格执法，同时加大惩罚力度，提升违法成本。监管者要减少执法过程普遍存在的"以罚代刑、有案不移、有案不立"等现象，用严格执法提升执法效用，减少甚至杜绝机会主义行为势在必行。

4.3.4.4 监管成效：建立监管效能评估机制

建立健全监管效能评估机制，是从结果上对监管的成本、产出、效率和效益等进行综合评价，不仅可以了解保健市场监管的成效，也可以发现监管中存在的一系列问题和风险，进一步推动监管体系完善。在保健品领域，建立我国保健市场监管效能评估机制是解决目前保健市场监管效能不高、监管失灵的有效手段。具体来看，保健市场监管效能评估机制应当关注以下几个问题：一是在评估主体上，可采用内部评估和外部第三方评估相结合的方式。内部评估以发现监管过程问题和风险为目标，外部评估以实现对保健市场监管绩效排名及诊断为目标。二是在评估指标上，保健品监管评价应当涵盖监管的成本投入，监管的过程性指标，监管的产出性指标，以及监管的成效指标，可以采用主观指标与客观指标相结合的指标体系，以全面评价保健品监管过程中的成本收益，以及政策产出和政策目标的关系。三是在评估结果使用上，要将监管评价结果和奖惩机制联系起来，以确保监管评估真正起到约束和激励作用；同时要进行评估结果的公示和传达，总结保健品监管中的经验和教训，并用于指导和改善保健市场监管。总之，要充分发挥监管效能评估工具的作用，不断改进发现保健市场监管中存在的问题，持续改进保健市场的监管效能。

第 5 章 典型发达国家保健品虚假宣传和欺诈营销监管的经验

首先，需要说明的是，虚假宣传和欺诈营销是保健品典型违法行为，在发达国家，这些问题也在一定程度上存在。如美国检察长办公室对减肥类和免疫类补充剂产品的抽样调查显示，20%的产品标签存在法律禁止的预防和治疗疾病的功效声称情形。❶美国审计署对老年常用的草本类补充剂产品的调查显示，产品营销人员存在诸多欺骗性的功能声称宣传行为，一些营销人员给出用补充剂代替处方药的危险建议。❷ 日本直销保健品公司"日本生命"诱骗老人购买其家用磁性治疗仪、床垫、枕头等产品。❸。

本章主要介绍其或可借鉴的做法、经验。

5.1 美国

5.1.1 监管法规体系

美国对保健品虚假宣传和欺诈营销进行监管的规定主要散见于反不正当竞争、消费者保护等法律中。反不正当竞争法起源于普通

---

❶ Office of Evaluation and Inspections. Dietary supplements: Structure/function claims fall to meet federal requirements [R]. Office of Evaluation and Inspections, 2012: 16.

❷ US Government Accountability Office. Herbal dietary supplements: Examples of deceptive or questionable marketing practices and potentially dangerous advice [R]. US Government Accountability Office, 2010: 1 – 12.

❸ 保健品公司"日本生命"破产 曾把传销送到中国 [EB/OL]. (2017 – 12 – 28) [2019 – 11 – 01]. http://news.sina.com.cn/c/2017 – 12 – 28/doc – ifyqcsft7374842.shtml.

法，是调整市场竞争者之间关系的规定，其中的《兰哈姆法》(Lanham Act) 是规制不正当竞争行为最重要的法律。该法第43条第1款对虚假描述或陈述作了禁止性规定："任何人在商品、服务、商品包装或相关的物品上，使用文字、名词、名称、符号、设计或其组合，或虚假的来源地、虚假或引人误解的描述或陈述，并属于下列情况的：①对该人或他人的从属性、关系或关联性，或对其商品、服务或商业活动的来源地、赞助或许可，引起混淆、误认或欺骗；②在商业广告❶或促销活动中，歪曲他人商品、服务或商业活动的性质、特征、品质或地理来源的，受到或可能受到此行为损害的第三人，可以提起民事诉讼要求赔偿。"该条款在实践中被法院进行了宽泛解释，如今已成为解决虚假广告（对自己产品）和产品贬损（对竞争对手产品）问题最称手的法律工具。但它仅允许遭受竞争性损害的市场竞争者提起私人索赔，也就是说，消费者不适用该条款。因此，在实践中，该条款的实施直接维护了竞争者的利益，而对于消费者，即便有所助益，也只是间接的。❷

消费者保护法同样起源于普通法，植根于不公平交易过程中抗辩规制和针对欺诈行为、缺陷产品主张权利的侵权法规制。在监管虚假宣传和欺诈营销方面比较重要的法律有《联邦贸易委员会法》(Federal Trade Commission Act)、《营养标识与教育法》(Nutrition Labeling And Education Act)、《膳食补充剂健康与教育法》(Dietary Supplement Health and Education Act) 等。《联邦贸易委员会法》第5条规定，"商业中或影响商业的不正当竞争手段，不公平或欺骗性行为、做法"均属违法。该条款最初通过并实施时并不涉及消费者保

---

❶ 美国法律中没有专门的广告法对广告进行定义，《联邦贸易委员会法》第12条有"虚假广告"的定义，是指"除标签外，在实质方面具有误导性的任何广告"，这是从与联邦食品药品监管局的监管分工界定的，而《食品、药品与化妆品法》第201（m）条界定标签为"任何物品或其容器、包装或随附物品上的所有标签和其他书面、印刷或图形材料"，因而，《兰哈姆法》等一般法律提到的广告是广义的广告，泛指商家向潜在消费者传递的消费信息，不仅包括传统的大众传媒，还包括直接邮寄、产品标签和包装等。

❷ 博德维希．全球反不正当竞争法指引 [J]．黄武双，等译．北京：法律出版社，2015：778．

护,只在竞争者受到实际损害时法院才予支持,1938 年通过的《惠勒—利法案》(*the Wheeler - Lea Amendments*)删除了竞争性损害要件,将消费者保护纳入进来,赋予联邦贸易委员会在广告监管方面更高的权力,授权其"制定规则,对商业中或影响商业的不正当或欺诈行为、做法作具体定义",联邦贸易委员会据此享有对虚假宣传、欺诈营销等商业行为的规制权。经过长期发展,联邦贸易委员会制定了一系列具体的监管规定,其中,实证原则是其规制虚假宣传努力的关键部分❶,在其 20 世纪七八十年代制定的《广告实证政策声明》(*Advertising Substantiation Policy Statement*)等文件中进行了明确规定。规定广告主对其广告声称应有一个可靠的基础(Reasonable Basis),明确承诺一定程度证实的声称,如"试验证明",必须得到相应程度证实的支持。其在判断一个广告或宣传声称的可靠程度时,通常会考虑六个方面的因素(通常称为辉瑞六因素):①声称的类型;②产品的类型;③虚假声称的后果;④真实声称的好处;⑤进行证实的成本;⑥认为可靠的专家数量。❷

除了上述对虚假宣传和欺诈营销的一般监管规定外,鉴于对人民健康安全的影响,美国还对食品(包括类似我国保健食品的膳食补充剂)、药品、医疗器械、化妆品等进行特别规制,这些法律涉及其产品声称和宣传方面的规定。按照《食品、药品和化妆品法》(*Federal Food, Drug and Cosmetic Act*)等一般规定,只有药品可以作疾病治疗声称,其他产品可按有关法律规定做类似我国保健声称的"健康"等声称。如在食品方面,按照《营养标识与教育法》《*FDA 现代化法案*》(*FDA Modernization Act*)和《FDA 消费者健康信息促进营养行动》(*the FDA Consumer Health Information for Better Nutrition Initiative*)等规定,食品可以进行营养含量声称(Nutrition Content

---

❶ BEALES III H J, et al. In defense of the pfizer factors [J]. George mason university law and economics research paper series, 2012 (12).

❷ PETTY R D. The historic development of modern US advertising regulation [J]. Journal of historical research in marketing, 2015, 7 (4).

第 5 章　典型发达国家保健品虚假宣传和欺诈营销监管的经验

Claim)、健康声称（Health Claim）❶和结构功能声称（Structure/Foundation Claim）❷。其中，健康声称分两类，皆须进行上市前审查。一类是具有充足科学证据的声称，具有显著的科学一致性（Significant Scientific Agreement）标准的证据或美国政府、国家科学院科学机构的权威声明，都可以作为提请审查的依据。另一类是具有一定科学证据，但证据的质量和强度低于充足水平的要求，只是表明食物与降低疾病或健康相关条件的风险之间存在关系。这时可以使用限制性健康声称（Qualified Health Claim），但其声称表述具有严格的规范，以防止误导消费者。❸结构功能声称实行备案制管理，生产商在产品上市后 30 天内通知美国食品药品监管局即可。

对于市面上各种各样的非法的进行疾病治疗声称或健康声称的"保健品"的查处，美国食品药品监管局在《合规性政策指南》（Compliance Policy Guide）中专设"健康欺诈"（Health Fraud）一章对执法人员进行指导，指出"健康欺诈"是指采用欺骗性的方式对人类或动物使用的物品进行促销、广告、分发或销售等行为，使这些物品显得能够有效地诊断、预防、治愈、治疗或减轻疾病（或其他健康问题）抑或是给健康带来益处，但是对于这些方面用途中的安全性和有效性未经科学证实。这些行为可能是蓄意的，也有可能是对于相关物品缺乏充分的认知或了解。这些物品可以是药品、医疗器械、食品或化妆品，这些违法的产品通常被作为药品对待，适

---

❶　健康声称系指描述一种物质与疾病或与健康有关的状况之间的关系，这种物质必须与一种疾病或与有关健康的状况存在联系，而美国普通民众或某个确定的人群有此种患病风险［21 CFR 101.14 (a) (1) & 21 CFR 101.14 (b) (1)］。例：钙可以降低发生骨质疏松的风险。

❷　结构功能声称系指陈述一种特定物质在维持身体正常健康结构或功能方面的作用。

❸　Label claims for conventional foods and dietary supplements［EB/OL］. (2018-06-19)［2019-10-01］. https：//www.fda.gov/food/food-labeling-nutrition/label-claims-conventional-foods-and-dietary-supplements.

用药品法律进行处罚。❶

从法律实践看,对保健品虚假宣传和欺诈营销的处罚非常严厉。如2009年8月,直销概念公司和独立电视台直销公司因其"超级绿色"和"珊瑚钙"两款膳食补充剂产品在电视上虚假声称可以治疗癌症、帕金森病、心脏病和自身免疫性疾病等多种疾病被罚4820万美元。❷

5.1.2 监管体制

在美国,负责监管"保健品"虚假宣传与欺诈营销的机构主要是联邦贸易委员会和联邦食品药品监管局。

联邦贸易委员会的消费者保护局(Bureau of Consumer Protection)负责保护消费者免受不正当和欺诈等商业行为侵害。其中的广告监管部(Division of Advertising Practices)具体负责健康欺诈工作,保护消费者免受虚假或引人误解的广告,以及引发健康、安全问题或导致经济损失的市场营销行为侵害利益。具体工作包括:①受理消费者关于商家或个人的虚假广告行为的投诉,进行调查,并提起诉讼;②制订维护市场公平的指导方针,对消费者和企业的权利和责任进行教育等;③制订消费者保护的规则,审查和执行消费者保护法律,制订规范商家广告或声称行为的指导方针;④协调其他监管机构或行业自我监管组织一起解决消费者保护问题,如和联邦食品药品监管局一起发送打击网络欺诈产品的警告信。

联邦食品药品监管局负责食品、药品、医疗器械和化妆品的广告宣传方面的监管工作,主要是对标签内容进行监管。其中,食品

---

❶ CPG Sec. 120.500 health fraud – factors in considering regulatory action [EB/OL]. (2015 – 03 – 09) [2019 – 10 – 02]. https://www.fda.gov/regulatory – information/search – fda – guidance – documents/cpg – sec – 120500 – health – fraud – factors – considering – regulatory – action.

❷ Appellate court upholds order requiring promoters of supreme greens and coral calcium dietary supplements to pay \$48.2 million for deceptive ads [EB/OL]. (2010 – 10 – 29) [2019 – 10 – 02]. https://www.ftc.gov/news – events/press – releases/2010/10/appellate – court – upholds – order – requiring – promoters – supreme – greens.

安全与应用营养中心负责识别食品（包括膳食补充剂）、化妆品方面的违规宣称，医疗器械与放射保健中心负责医疗器械方面的宣称，监管事务办公室下辖的25个大区或区域中心负责各个地区食品药品等广告宣传监管，其工作大都由各个中心合规部门执行。另外，执法和进口工作办公室下设专门的健康欺诈工作组（Health Fraud Team），工作组在监管活动中把发现的虚假宣传产品分为直接危害性和间接危害性并进行不同优先等级的处理。对存在直接威胁消费者健康风险的产品，会迅速对此类产品记录在案，并将其提交给相应的部门进行监管跟踪。对没有直接健康风险的间接危害产品，则应根据治疗声称的程度、科学证据情况、潜在用户群的脆弱性等八个方面判断是否应采取具体的监管措施。对于进行治疗声称的食品（包括膳食补充剂）、化妆品常被视为药品转交给药品监管部门。工作组通常与食品安全与应用营养中心协调解决这些问题。❶ 在美国食品药品监管局官方网站有专门的健康欺诈页面详细介绍相关知识和产品信息，帮助消费者进行分辨。

　　为了解决职能交叉问题，最大限度地保护消费者的权益，联邦贸易委员会和联邦食品药品监管局于1971年签订了双方协调与合作的谅解备忘录。根据此谅解备忘录，双方各自指定一个联络人作为主要联系人，根据需要协调双方活动。例如，当在标签和广告中都发现相类似的宣传声称时，或者当营销宣传材料可以解释为广告或标签，或两者都可的情况时。谅解备忘录指出，联邦食品药品监管局主要负责食品、医疗器械、化妆品和非处方药品的标签监管工作和处方药广告监管工作；联邦贸易委员会主要负责对标签以外的所

---

❶ CPG Sec. 120.500 health fraud – factors in considering regulatory action［EB/OL］.（2015 – 03 – 09）［2019 – 10 – 02］. https：//www.fda.gov/regulatory – information/search – fda – guidance – documents/cpg – sec – 120500 – health – fraud – factors – considering – regulatory – action.

有产品（处方药除外）广告的真伪进行监管。❶

为了区别与联邦食品药品监管局标签的监管权，联邦贸易委员会还向社会发布了食品药品广告方面的具体监管政策。如其于1994年5月发布的一项关于食品广告的政策执行声明就提供了食品广告有关执法行动的法律架构。依据该框架，联邦贸易委员会认定某个广告为虚假广告的情形为：①广告中含有对某一材料事实的陈述或省略，对消费者理性行事造成误导；②广告商无法提供证明某项广告声称真实的合理且充实的证据。❷

此外，美国邮政管理局负责监管直邮广告和杂志广告。

除上述监管机构外，美国的行业自律组织在反制虚假宣传和欺诈营销中也具有重要作用。一些广告行业组织的历史比监管机构的历史还要久，如美国广告联盟（Advertising Federation of American）的雏形——美国联合广告俱乐部（Associated Advertising Clubs of America）在20世纪就已开始致力于反对虚假广告。❸ 当前比较大的行业自我监管团体主要有商业促进局（Better Business Bureaus）和全国广告审查委员会（National Advertising Review Council）。后者由商业促进局和三个广告协会于1971年联合成立。它随后成立了一个名为国家广告部（National Advertising Division）的调查部门，负责处理消费者的投诉并对通过自己的监控系统对虚假广告进行调查，根据调查结果建议广告商进行修正或撤销。如果广告商不同意调查结果则移交至全国广告审查委员会，通常会召开听证会听取广告商的申辩。如果还不能得到解决，这个案件将提交给一个合适的政府机构

---

❶ US Government Accountability Office. Memory supplements: Clarifying FDA and FTC roles could strengthen oversight and enhance consumer awareness [R]. Washington DC: Government Accountability Office, 2017: 16.

❷ US Government Accountability Office. Food labeling: FDA needs to reassess its approach to protecting consumers from false or misleading claims [R]. Washington DC: Government Accountability Office, 2011: 26.

❸ KENNER H J. The fight for truth in advertising [M]. New York: Round Table Press, 1936: 17-19.

进行处理。[1]

5.2 欧盟

5.2.1 监管法规体系

根据《不公平商业行为指令》，商家向消费者推销产品时，必须顾及"一般消费者"（Average Consumer）的感受，必须考虑消费者的语言、社会及文化特质。此外，《不公平商业行为指令》亦加强对弱势消费者的保护，如儿童或老年人，并特别顾及其他因素，如残疾或过往行为（如信用欠佳）。

根据《不公平商业行为指令》，"误导性商业行为"（Misleading Commercial Practice）的概念界定非常广，从虚假信息到误导性的省略信息的行为（Misleading Omissions），包括欺骗行为，即使所载资料真实正确。换句话说，一种商业行为如果会导致或可能导致普通消费者做出交易性决定，即如果没有这种误导信息，消费者不会购买这种商品，这种商业行为就应被认定为误导性商业行为。根据《不公平商业行为指令》第6条和第7条规定，在下列情况下，商业行为是误导性的：

（1）包含虚假信息，因此是不真实的。

（2）即使资料确实正确，在以下方面，包括整体陈述，会欺骗或有可能欺骗一般消费者：

a. 产品的存在或性质；

b. 产品的主要特性，如有效性、益处、风险、使用、成分、附加物、售后服务、投诉处理、制造和运输的方式和日期、适用性、用途、数量、说明、地理或商业来源，或根据其用途期望达到的结果，或者产品列出的化验或检查的结果或物质属性；

---

[1] PETTY R D. The historic development of modern US advertising regulation [J]. Journal of historical research in marketing, 2015, 7 (4).

c. 经营者的责任范围,商业行为的动机或销售过程的性质,任何与商人或产品的直接或间接的赞助或认可有关的陈述或标志;

d. 价格或价格计算方法,或某种具体的价格优势的存在;

e. 某种服务、零部件、替换或修理的需要;

f. 经营者或其代理人的品质、属性和权利,如他们的身份和资产、资质、地位、认可、与工业、商业、权利或知识产权的联系或关系,或获得的奖励和荣誉;

g. 消费者的权利或者其他可能面临的风险。

(3)产品的营销,包括比较广告,与竞争对手的任何产品、商标、商号或其他区别标志产生混淆。

(4)经销商不遵守行为守则所载的承诺,而该行为守则是指经销商在商业活动中表示受该守则的约束。

(5)经销商省略了普通消费者需要的重要信息(或者以一种不清楚、不可理解、模糊或不及时的方式提供这些信息),而这些信息是消费者做出明智的交易决策的基础。

《不公平商业行为指令》填补了其他欧盟行业特定规则所不规范的空白,起到了安全网的作用。❶

《不公平商业行为指令》规范的是商家与消费者之间的关系,而《误导与比较广告指令》规范的是商家与商家之间的关系,其目的是保护市场主体免受误导性广告及不公平行为的影响,指令列举了允许或不允许进行比较广告的情形。根据这一套规则,误导广告被视为对竞争对手造成伤害或可能造成伤害的行为,并被视为对竞争对手的不公平行为。然而,该法所禁止的做法是最低要求,因此,允许各成员国实施更严格的规则,为受误导性广告侵害的贸易商和竞争对手提供广泛的保护。

除上述一般性规定外,欧盟对产品虚假宣传的规定还散见于某些对具体行业的法规规定。如在食品行业,《一般食品条例》[Regu-

---

❶ GABRIELA S, KIRAN K P. International food law and policy [M]. Switzerland: Springer International Publishing, 2016: 517.

第5章 典型发达国家保健品虚假宣传和欺诈营销监管的经验

lation（EC）No. 178/2002]和《向消费者提供食品信息条例》[Regulation（EU）No. 1169/2011]涵盖了禁止误导性食品信息的规定，详细规定了禁止任何误导消费者的行为，包括通过标签、广告和食物介绍（Presentation of Foodstuffs），包括其形状、外观或包装、所使用的包装材料、摆放方式及摆放位置，以及通过任何媒介提供的可用的信息。除了这些一般性食品法规对虚假宣传的监管规定外，一些特别的食品监管法规对具体宣传声称作出规定，如《营养和健康声称条例》[Regulation（EC）No. 1924/2006]等法律规定，食品不能宣称具有预防、治疗和治愈疾病的功能，但可以进行营养声称和健康声称。❶ 其中，健康声称分为三类：降低疾病风险、促进儿童成长与健康和其他健康声称。❷ 提出降低疾病风险的声称主要是区别减少疾病风险和预防疾病的考虑。在疾病预防中，预防措施与疾病的发生有着直接的因果关系，这将预防置于《药品法》的法律适用范围内。降低疾病风险不是预防，因为降低风险的措施与疾病之间只有间接的关系，降低风险的目标是疾病的风险因素，而不是疾病本身，这使得降低疾病风险的声称成为可能。❸ 区别降低疾病风险与一般健康声称的一个因素是对消费食品而产生的降低疾病风险生理功能的具体化，这是前者才具有的特征。根据"食品链和动物健康常设委员会"设立的区分二者重叠案件的标准，如果一个健康声称指的是人体正常的功能，以及疾病风险因子而不声明、表明或暗示疾

---

❶ 根据 Regulation. No. 1924/2006 规定，营养声称是指："任何陈述（state）、表明（suggest）或暗示（imply）食品因（1）其提供的能量，或者降低或提高能量提供效率或不提供能量；并且/或者（2）其具有的营养或其他物质，其降低或增加了营养成分比例，或不具有营养而具有特定有益健康的营养特性的声称。"健康声称是指"任何陈述、表明或暗示某一食品类别、某个食品或其中一项成分与健康之间存在关系的声称"。

❷ 其他健康声称是指第 13 条特指的"有关营养素或其他物质在生长、发育及身体功能中的（生理）作用的声称（13.1a）、心理及行为功能的声称（13.1b）、在不违反 96/78/EC 指令前提下瘦身或控制体重或减少饥饿感或增加饱腹感或减少饮食中可供应的能量的声称（13.1c）和根据新开发的科学数据对第 3 段所述清单增加的任何声称（13.5）"。

❸ BAST A, et al. Scientism, legalism and precaution – contending with regulating nutrition and health claims in Europe [J]. European food and feed law review, 2013, 8（6）.

病风险，则其是（一般）功能声称，例如"维持正常肝功能"。反之，如果一个健康声称特指降低某种疾病的风险因子，无论其是否提及疾病名称，其是降低疾病风险声称，例如"欧米伽3脂肪酸有助降低血液中胆固醇水平，而胆固醇是冠心病的风险因子"，或"有助降低胆固醇"。❶ 健康声称需要经过欧盟食品安全局审批并建立可用名单，名单中包括食品或原料名称、允许使用的声称和使用条件等。

5.2.2 监管体制

在欧盟层面，保健品虚假宣传和欺诈问题主要由消费者、卫生、农业和食品执行局（Consumers, Health, Agriculture and Food Executive Agency）负责，主要是协调与评估《不公平商业行为指令》《消费者权利指令》等法律在成员国的执行。同时，也整合成员国资源建立面向消费者和商家的争端处理与支撑平台，如欧洲消费者中心网络、替代性争议解决机制、小额索赔程序、欧洲在线争端解决平台等，通过这些平台，受到保健品虚假宣传（主要是声称治疗疾病的产品案件）侵害的消费者可以根据遭受的损失大小选择适合自己的成本最小的维权方式，平台主要是政策指导和对具有资质的争端解决机构和消费者保护机构的介绍与链接，争端最终解决则由各成员国的争端解决机构和消费者保护机构执行。

欧盟有发达的自我监管机构对虚假广告进行治理。如欧洲广告标准联盟（European Advertising Standards Alliance）。它是一个横跨欧洲和其他地区的广告自我监管组织，由34个广告自我监管组织（其中，24个成员来自欧洲，其他的来自澳大利亚、巴西、加拿大、智利、印度、新西兰、秘鲁和南非等）和15个广告行业代表组织（广告商、机构和媒体）组成。该组织在欧洲与世界范围内与政府食品、酒类和化妆品监管部门密切合作，开展合规监测工作。❷

---

❶ 柯斯塔托，阿尔彼斯尼. 欧盟食品法［M］. 北京：知识产权出版社，2016：271。
❷ BAPNA A. Advertising and regulation is probably the most controversial combination: Dr. Oliver Gray, Director General, EASA［N］. The Economic Times, New Delhi, 2011－10－08.

第5章　典型发达国家保健品虚假宣传和欺诈营销监管的经验

在成员国层面，《不公平商业行为指令》没有协调执行系统，会员国可以自由选择最适合其法律的执行机制传统，只要确保有足够和有效的手段来防止不公平商业行为。因而，各成员国治理保健品虚假宣传和欺诈营销的监管制度有所不同。在丹麦、瑞典和芬兰监管主要由消费监察（Consumer Ombudsmen）部门执行；在意大利、爱尔兰、荷兰、罗马尼亚和英国由消费者/竞争部门执行；在葡萄牙和比利时等国，由部委专门部门执行；在奥地利和德国，则有一个由竞争主体为首的私部门执行框架。而大部分成员国监管系统都包含了公共元素和私部门执法，处罚方式包括禁令、损害赔偿、罚款、刑罚等。❶

具体在食品药品声称法规执行方面，欧盟各成员国根据欧盟《营养和健康声称条例》制定了相应法律，对监管活动中发现的声称治疗功能的食品会按违反食品声称规定进行处罚，也有一些成员国出于保护消费者的考虑将其作为药品进行处罚。因为按照欧盟2001/83/EC指令第1条第2款对"药品"（medicinal product）进行的界定，药品是指"a. 呈现为具有治疗或预防人类疾病特性的任何物质或物质的组合"，或"b. 任何一种物质或一种物质的组合，可用于或给人服用，目的是通过药理学、免疫学或代谢作用恢复、纠正或修改生理功能，或作出医学诊断"。这两个标准涉及产品的实际功能（b-药用产品的功能）和产品的承诺功能（a-药用产品的外观）。两个标准都可以作为判定某一物质划为药品的依据，而适用药品法比食品法的处罚程度更重，如在荷兰根据药物法的行政罚款要比违反食品法的行政罚款高出100倍。❷

---

❶ Report from the commission to the european parliament, the council and the european economic and social committee [EB/OL]. (2013-03-14) [2019-11-10]. https://ec.europa.eu/info/sites/info/files/report_on_implementation_of_directive_2013_en.pdf.

❷ MEULEN B. Medicinal claims—Prohibition, enforcement and delineation: food in fact but medicine in law? [J]. European food and feed law review, 2017, 12 (5).

5.3 日本

5.3.1 监管法规体系

日本监管保健品虚假宣传与欺诈营销的最早的法律是1934年制定的《防止不正当竞争法》，此法禁止误导性及引诱性的商业行为。此后，更多的立法与日本公正交易委员会（Japan Fair Trade Commission）的指南（不正当竞争行为指南）细化了对误导行为与引诱行为的规定，如1962年《不当景品类及不当表示防止法》，1973年的《地理标志指南》，1987年的《比较广告法律意见》，1985年《为招徕顾客亏本销售的法律意见》以及1993年《引诱广告指令》。❶ 其中，尤以《不当景品类及不当表示防止法》（*Act Against Unjustifiable Premiums and Misleading Representations*）和《不正当竞争行为指南》（*Designation of Unfair Trade Practices*）较为重要。《不当景品类及不当表示防止法》规定禁止进行虚假、夸大的宣传，在宣传、包装中不得使用在品质、价格方面显著优于本企业产品实际情况或竞争者产品的误导性表述。违反规定的商家，将会受到行政处罚，对于过度宣传的行为，还会因触犯刑法中的欺诈罪而受到制裁。该法对"表述"进行了界定，即"内阁总理大臣指定的，作为吸引顾客的手段，商家就其提供的商品或服务的内容、交易条件或其他任何有关交易的事项而做出广告或其他表述"。❷ 长期以来，虚假广告的举证责任属于公正交易委员会。2003年，该法的修改被一些学者称为划时代的进步，其中一项就是，立证责任属于公正交易委员会，改为立证责任为企业（第4条第2款）。❸ 其监管机制为，监管机构发现疑似虚假宣传的情况后，会要求广告主在规定的期限内提交对广告

---

❶ 博德维希. 全球反不正当竞争法指引［J］. 黄武双，等，译. 北京：法律出版社，2015：424.
❷ 不当景品類及び不当表示防止法，第2条第4款。
❸ 范志国，毕小青. 变化中的日本广告规制［J］. 广告人，2010（5）.

证明内容合理的证据，若广告主无法在规定的期限内提交合理的证据，则被视为虚假广告。❶《不实广告指南》规定"合理的证据"必须满足两个条件："①所提供的材料必须为被客观事实所证明的内容；②广告中所示的功能效果必须与提交材料中所证明的内容相对应。"

《不正当竞争行为指南》对虚假宣传行为进行了详细规定，包括："第一，在商品或商品广告中，或以让公众得知的方法在交易文件或通信中，用该商品生产、制造或加工地以外的地区来表示该商品的生产、制造或加工地，因而使人产生误解的行为，或者销售、周转、出口这种标示的商品的行为。第二，以让公众得知的方法在交易文件或通信中标示虚假产地，或者周转、出口这种标示的商品的行为，而使人产生对产地误解的行为。第三，在商品或商品广告中，使用对其商品的质量、内容、制造方法、用途、数量使人产生误解的标示，或者销售、周转、出口这种标示的商品的行为。"❷

《家庭用品质量标签法》（*Household Goods Quality Labeling Act*）以消费者日常使用的家庭用品作为对象，规定商家应该标示的品质事项及品质标示的方法，规定当因不正确标示而损害消费者利益发生时，任何人都可以向内阁总理大臣或经济产业大臣、都知事、区长提出申请采取适当措施。

《特定商业交易法》（*Act on Specified Commercial Transactions*）对类似我国的直销行为和会议营销❸的"访问销售"进行规范。该法

---

❶ 陈肖盈. 日本互联网广告行政规制的现状与启示［J］. 广告人，2014（2）.
❷ 田村善之. 不正当竞争法概说［M］. 东京：有斐阁，1994：96.
❸ 《特定商业交易法》第二条第一项对访问销售的定义为："一、商品推销者或劳务经营提供者于营业场所、代理店或经济产业省规定之场所以外的地方，接受买卖契约之要约，或缔结买卖契约而为商品或指定权利之贩卖，或接受有偿提供劳务之契约之要约，或缔结劳务提供契约而为劳务之提供。二、商品推销者或劳务经营提供者于营业所等场所，接受于营业所等以外的场所被招揽并带往营业所等之人或其他依照行政命令规定方式被引诱之人所提出之买卖契约之要约，或与特定顾客缔结买卖契约而为商品或指定权利之贩卖，或接受有偿提供劳务之契约之要约，或缔结劳务提供契约而为劳务之提供。""特定顾客"系指三种类型：于营业场所外之地方（如大街上）招揽的消费者、通过隐匿目的的电话或邮件吸引的消费者及被推销者表示之更有利的条件所吸引的消费者。

根据上门推销、邮购销售、电话销售、多层级营销（直销）、服务提供、商机销售（Business Opportunity Sales Transactions）等不同类型交易的特点，对推销员向消费者推销过程中的适当信息提供方面进行监管。该法规定，推销员在向消费者推销产品或服务时有义务表明自己的身份和目的，在推销过程中不得做夸大或虚假的营销宣传，不能出现"绝对"等涉嫌过度营销和虚假营销的字眼，禁止对消费者进行不当劝诱行为，推销商品或服务须签订书面合同。同时，为了保障消费者利益，该法设定了"冷静"（Cooling - off）制度，通过上门销售、电话销售等销售商品或服务的，消费者有8天的冷静期，通过多层级营销、商机销售方式销售商品或服务的，消费者有20天的冷静期，期间消费者可以单方面无条件取消合同。❶ 该法第六条第一项具体规定了禁止不实告知的内容，简单来说主要有：①商品的种类、性能、品质；②商品的售价；③商品的支付时期、方式；④商品交付时期；⑤Cooling - off 及解除契约事项；⑥关于消费者缔约重要事项；⑦其他重要事项。❷ 所谓不实告知，系指虚伪说明，或告以与事实不符情事，该条项之成立以事业者（推销者）在客观上有告知与客观事实不符情事之行为为已足，不以事业者主观上有此认知必要。❸ 另外，该法第七条第四款规定禁止对判断力不足者贩卖商品，经济产业省的实施法令中明确这类人群主要是指老人、未成年人及精神障碍者等。❹

除了上述关于虚假宣传的一般性规制，在健康、食品药品功能声称方面，《健康增进法》（Health Promotion Act）规定，凡拟在销售食品上标注适用于婴幼儿、孕妇、产妇、病人等的特定用途，必须

---

❶ What is the specified commercial transactions law? [EB/OL]. (2019 - 03 - 08) [2019 - 11 - 10]. https：//www.caa.go.jp/en/about_us/booklet/pdf/08booklet2019_en.pdf.
❷ 靳邦忠. 从日本《特定商取引法》修正反思"我国""访问交易"之行政监管[J]. 中正大学法学集刊, 2016 (52).
❸ 靳邦忠. 论"我国""消费者保护法"对于不当销售行为之行政监管——以日本"色诱"销售比较为中心 [J]. 中正大学法学集刊, 2018 (59).
❹ 靳邦忠. 从日本《特定商取引法》修正反思"我国""访问交易"之行政监管[J]. 中正大学法学集刊, 2016 (52).

事先通过厚生劳务省的批准。不得对销售食品的健康效果做出虚假、扩大的广告、表述。《药品、医疗器械等质量、有效性和安全性保障法》第六十六条规定:"任何人通过广告、文章宣传医药品、医药部外品、化妆品、医疗器械的名称、制造方法、效能、效果及性能,不论明言和暗示,都不准弄虚作假和夸大。"《食品标签法》、《营养改善法》(Nutrition Improvement Law)、《食品卫生法》(Food Sanitation Act)、《食品卫生法实施规则》(Ordinance for Enforcement of the Food Sanitation Act)等法律法规设立了"特殊保健用食品""营养功能声称食品"和"功能声称食品"等食品声称体系,这些食品可以进行营养或健康功能声称,其中,特定保健用食品经过发展分化出规格标准型、降低疾病风险型和附带条件型三种类型,这些营养或健康功能声称食品适用不同的监管标准,实行注册或备案制管理。

5.3.2 监管体制

在2009年之前,日本对虚假宣传和欺诈营销的监管是一种多头监管的体制,《特定商业交易法》规定的与直销相关的宣传行为由经济产业省负责监管,《健康增进法》《食品卫生法》等与食品相关的宣传行为由厚生劳务省负责执行。在21世纪头十年的后期,日本发生了一系列消费者安全事件,速冻饺子事件、大米污染事件、热水器与电梯安全事件、混乱的食品标识、针对老年人的欺诈等问题严重,这样的时代背景引发了日本对明治时代(1868—1912)以来政府各部委机构全力保护和促进经济增长的角色的反思。反思的结果是"范式转换",认为政府的政策措施和行政机关的作用应将日本变成一个每一个消费者作为主要参与者都能过上安全、无忧和富裕生活的社会。❶ 在这种背景下,2009年9月1日,整合多部门职责、肩

---

❶ Mission of the consumer affairs agency—As the organization that steers and leads the nation's consumer administration, the Consumer Affairs Agency strives to realize a society where every consumer as a leading player can live a safe, worry-free and affluent life [EB/OL]. (2019-03-08) [2019-11-10]. https://www.caa.go.jp/en/about_us/booklet/pdf/all_booklet2019_en.pdf.

负全面执行保护消费者权益的机构——消费者厅正式成立（Consumer Affairs Agency）。《特定商业交易法》规定的欺诈监管权、《不当景品类及不当表示防止法》等规定的虚假宣传监管权、《健康增进法》《食品卫生法》等规定的食品标识监管权等相继转移给消费者厅。

消费者厅下设总务司（挂管理办公室、公共关系办公室牌），政策规划司（挂财产损害处理办公室、国际事务办公室牌）、法律体系规划司，促进消费者教育司，地方合作司，消费者安全司（挂事故调查办公室牌），消费者交易司，表述（Representation）司（挂食品表述司牌），食品标签司（挂健康标签办公室牌）及消费者研究、价格政策和消费者—商业关系咨询司。其中，表述司负责执行《不当景品类及不当表示防止法》等法律规定的关于商品宣传表述的规定，对包括食品在内的商品宣传进行监管，食品标签司负责《食品标签法》等食品法律的规划实施。❶ 值得指出的是，消费者厅的综合监管权只是相对以前的多头监管。当前，一些消费者保护法律的执行也多少涉及其他监管机构。此外，药品、化妆品、医疗器械的广告宣传主要还是以厚生劳动省为主。

此外，围绕消费者厅还有两个重要的机构来共同推进消费者保护事务：其一是独立行政法人日本国民生活中心，其职能主要有向中央监管机构、地方消费生活中心、消费者提供咨询；通过地方消费生活中心和实用生活信息网收集消费者案件信息；对信息进行分析，并进行产品测试，对消费者发布预警；为地方消费者咨询师和行政官员提供培训；通过替代性争议解决程序解决消费争端等。其二是与消费者厅同年成立的独立审议机构——消费者委员会，其委员由首相任命，且由学者、律师、消费者团体代表、企业界代表、媒体人等民间人士构成，主要履行监督消费者厅、传达消费者声音的职能，消费者厅在执行制品安全、交易和标示等工作时，必须要

---

❶ Overview of the consumer affairs agency [EB/OL]. (2019-03-08) [2019-11-10]. https://www.caa.go.jp/en/about_us/booklet/pdf/all_booklet2019_en.pdf.

主动征求消费者委员会的意见。❶

消费者厅在各地方县市没有设立分支机构，在地方县市的执法须和经济产业局和县市首长共同为之。❷ 地方消费者行政机构——消费生活中心负责接受咨询、投诉、争端处理等工作，遭遇保健品虚假宣传的消费者可以向其寻求帮助。此外，为了防止老年欺诈情况，2014年6月修订的《消费者安全法》提出成立"本地保障消费者安全委员会（监察网络）"，采取网格化管理的策略发动社区成员参与看护老年人的消费安全。❸

在广告监管方面，日本参考英美等国建立起"企业和行业自律为主，相关法律法规为辅"的模式。1970年，日本开始考察美国的商业促进局，并参考了英国的广告标准管理局（Advertising Standards Authority）的运营模式，于1974年设立了民间的广告自律机构——日本广告审查机构（Japan Advertising Review Organization），目的是要提高企业和广告的社会信誉，并推进企业间的公平竞争，同时，接受消费者和企业的投诉和咨询，并以广告审查和处理投诉为主要工作。❹ 除了广告审查机构，还有日本广告业协会、报纸广告审查机构、日本公共广告机构，这些机构构成了对广告治理的社会共治的格局。

5.4 加拿大

5.4.1 监管法规体系

《竞争法》（*Competition Act*）对虚假宣传和欺诈营销的监管作了规定。第52（1）条规定："任何人不得直接或间接地为了产品促

---

❶ 康改娜. 日本消费者权益保护体系的重新建构——以新成立的消费者厅为中心[D]. 北京：北京师范大学，2012.

❷ 邱惠美. 日本消费者厅之成立[J]. 消费者保护研究，2013（15）.

❸ Overview of the consumer affairs agency [EB/OL]. (2019-03-08)[2019-11-10]. https://www.caa.go.jp/en/about_us/booklet/pdf/all_booklet2019_en.pdf.

❹ 范志国，殷国华. 日本广告自律机制给我们的启示[J]. 中国广告，2010（5）.

销、产品供应和使用以及其他商业利益,以任何方式对消费者故意或重大过失地向公众作出实质上的虚假或引人误解的陈述。"该法第74.01(1)(a)条是一项民事规定。它同样禁止以任何形式向公众做出或允许作出在实质方面是虚假或误导的陈述。在判断虚假或引人误解的陈述时,主要考虑该陈述给消费者留下的整体印象和文字意义。例如,一项暗示性的健康声称,可能是一盒鸡蛋上有一个大脑的图片,并伴有"聪明"一词,因为这两种元素的结合表明食用这些鸡蛋可能会提高智力或大脑健康,这可能具有误导性,而且是不允许的。然而,如果《可接受的营养功能声称列表》有这项营养功能声称,"DHA,一种欧米伽-3脂肪酸有助于两岁以下儿童的大脑、眼睛和神经的正常生理发育",大脑的图片和"聪明"这个词呈现的整体信息和印象是清晰的,并是可接受的。❶ 在第52条和第74条规定下,任何人只要作了虚假或引人误解的陈述即会面临惩戒,无须证明是何人受到了欺骗或误导,无须证明向加拿大公民中的哪些成员作了这种陈述,也无须证明在公众可以进入的哪些场合作了这种陈述。违反第52条的,经简易程序可处罚款最高20万加元及/或判监禁最高一年,或经起诉程序由法院判处罚款及/或判监禁最高14年。违反第74条的,法院可裁定该人士不从事该等行为、发布纠正通知、支付行政罚款及/或向买方支付赔偿,当法院命令支付行政罚款时,第一次发生时,个人最高可受到75万加元的罚款,公司最高可受到1000万加元的罚款。(如有再犯)随后的命令,对个人的罚款最高为100万加元,对公司的罚款最高为1500万加元,某些情况下法院还有权下令临时冻结资产。❷

《消费品包装和标签法》(Consumer Packaging and Labeling Act)第2(1)条和第7条规定,商品标签上禁止直接或间接的虚假或误

---

❶ Health claims—Implied health claims [EB/OL]. (2019-10-31) [2019-12-10]. http://inspection.gc.ca/food/requirements-and-guidance/labelling/industry/health-claims/eng/1392834838383/1392834887794?chap=13.

❷ False or misleading representations [EB/OL]. (2018-05-21) [2019-12-10]. https://www.competitionbureau.gc.ca/eic/site/cb-bc.nsf/eng/00513.html.

导性声称，无论这些信息是否明确，是否使用图画、数字或符合或任何其他方式，并列举了虚假或误导性声称的主要形式：①任何这样的声称：其表达方式、文字、图形、描绘或符号的使用、排列或显示可合理地被视为证明了其预先包装产品所宣称的净数量，或可能就预先包装产品的净数量欺骗消费者；②任何暗示或可合理地被视为暗示预先包装的产品含有实际上不含某种物质的表达方式、文字、图形、描述或符号，或实际上不含有任何物质；③就预先包装产品的种类、品质、性能、功能、产地或生产方法所做的任何描述或说明，可被合理地认为可能就该等描述或说明的事项欺骗了消费者。❶

除了以上对虚假宣传的一般性规定，在食品药品方面，加拿大有一些特别的法律规定。《食品和药品法》（Food and Drugs Act）第3（1）条和3（2）条规定，任何人不得向公众宣传食品、药品、化妆品或医疗器械具有治疗、预防或治愈附表 A 所列的任何疾病、失调或异常身体状况的声称。第3（3）条禁止为避孕器具做广告，除非有法规授权。第5（1）条广泛性地禁止为松散食物（Loose Food）或包装食品作误导广告。第9（1）条和20（1）条分别为药品和医用品做了类似规定。只有当满足相应标准时，才能广告、标识、包装和销售那些已经发布官方标准的产品，否则就构成欺诈。❷《食品和药品条例》（Food and Drug Regulations）、《自然健康产品条例》（Natural Health Products Regulations）等设定了多种不同类型的健康声称，其中，食品的声称就有降低疾病风险的声称❸、功能声称❹和一般健康声称❺，当由制造商以外的人（如市场推广委员会）制作

---

❶ Consumer Packaging and Labeling Act [EB/OL]. (2018 – 07 – 28) [2019 – 12 – 10]. https://laws.justice.gc.ca/eng/acts/C – 38/FullText.html.

❷ 博德维希. 全球反不正当竞争法指引[J]. 黄武双，等，译. 北京：法律出版社，2015：208 – 209.

❸ 是指将食物与饮食有关的疾病或状况联系起来的声称。

❹ 是指与食用某种食物或食物成分对人体正常功能或生物活动所产生的特定有益影响的声称。

❺ 是指通过健康饮食促进健康或提供饮食指导的广泛声称。

广告进行这方面声称时,须同时提供有关资料。❶

5.4.2 监管体制

加拿大竞争局(Competition Bureau)是监管一般商品虚假宣传和欺诈营销的主要监管机构,负责执行《竞争法》《消费者包装及标签法》(与食物有关的除外)等法律。加拿大健康广告具有多样化的欺诈形态,尤其是与癌症相关的通过网络和专题广告片,以及节食丸、万灵药的销售,加拿大竞争局积极打击这些行为并向公民通告这些行为。❷ 该局卡特尔和欺诈营销行为司(Cartels and Deceptive Marketing Practices Branch)下设欺诈营销理事会,负责发现、调查和制止根据法律规定确定的虚假或误导性陈述和欺诈营销行为。2004 年,竞争局开始举办防止欺诈论坛,这是一个由私营企业、消费者和志愿团体、政府和执法机构组成的有关团体,致力于打击针对消费者和企业的欺诈行为。该论坛由本局主办,每年3月举办"防止欺诈月"活动。该论坛的工作补充了卫生保健欺诈领域的执法工作,包括消费者提醒、网络宣传活动以及打击糖尿病和减肥欺诈的国际合作。❸

加拿大食品检查局(Canadian Food Inspection Agency)负责食品广告与宣传的合规监管,自然健康产品广告与宣传的合规监管由加拿大健康部(Health Canada)负责。这两个机构一起发布:食品标签和食品行业广告的一般指引;柜台药品市场健康(包括营养健康产品在内的非处方药)的消费者广告指引;化妆品标签指引。❹ 这

---

❶ Health claims—Acceptable disease risk reduction claims and therapeutic claims [EB/OL]. (2019 – 10 – 31)[2019 – 12 – 10]. http://inspection.gc.ca/food/requirements – and – guidance/labelling/industry/health – claims/eng/1392834838383/1392834887794?chap = 7.

❷ 博德维希. 全球反不正当竞争法指引 [J]. 黄武双,等,译. 北京:法律出版社,2015:222.

❸ Competition Bureau wins award — Bureau recognized for raising health – fraud awareness among canadians [EB/OL]. (2007 – 09 – 21)[2019 – 12 – 08]. https://www.canada.ca/en/news/archive/2007/09/competition – bureau – wins – award – bureau – recognized – raising – health – fraud – awareness – among – canadians. html.

❹ 博德维希. 全球反不正当竞争法指引 [J]. 黄武双,等,译. 北京:法律出版社,2015:209.

第5章 典型发达国家保健品虚假宣传和欺诈营销监管的经验

些指引通过大量举例的形式比较详细地说明了如何适用法律。如《化妆品广告及标签声称指引》指出，判断化妆品与药品区别的主要标准是预期用途，如果有药品声称则按药品监管。如标签上有 SPF、防晒霜或防晒霜字样的皮肤防晒乳液属于药品类别，但与含有防晒成分但标签上没有上述字样的化妆品保湿乳液使用的是同一种产品，被认为是化妆品。含有氟化物的牙膏是药物，因为氟化物可以预防龋齿，但是不含氟化物的牙膏是化妆品，因为它们的主要目的是清新口气和美白牙齿。去屑香波是一种药物，因为它们能纠正头皮屑产生的异常生理状态，而普通香波是化妆品，等等❶。此外，加拿大食品检查局还在其网站发布了一些自查指南，通过层层递进的提问帮助市场主体进行自查评估❷，这些指南也是执法检查员进行执法检查的详细操作手册。

加拿大健康部负责药品、医疗器械和自然健康产品的监管，其监管行动与执法局（Regulatory Operations and Enforcement Branch）通过合规性监测活动，如行业检查和产品调查对这些产品进行监管，对其虚假宣传等违法声称问题进行查处。

此外，一些行业组织和非营利组织也参与到"保健品"虚假宣传与欺诈营销的治理之中。2000年成立的加拿大反健康欺诈协会（Canadian Health Care Anti-fraud Association）包括公共和私营卫生保健组织，致力于防止健康欺诈行为。❸ 加拿大广告标准协会（Ad Standards Canada）和医药广告咨询委员会（Pharmaceutical Advertis-

---

❶ Labeling of cosmetics - guideline [EB/OL]. (2019-11-25) [2019-12-11]. https://www.canada.ca/en/health-canada/services/consumer-product-safety/reports-publications/industry-professionals/labelling-cosmetics.html#three.

❷ Steps for determining the type of health claim [EB/OL]. (2019-10-31) [2019-12-11]. http://inspection.gc.ca/food/requirements-and-guidance/labelling/industry/health-claims/eng/1392834838383/1392834887794?chap=21.

❸ Competition Bureau wins award — Bureau recognized for raising health-fraud awareness among canadians [EB/OL]. (2007-09-21) [2019-12-11]. https://www.canada.ca/en/news/archive/2007/09/competition-bureau-wins-award-bureau-recognized-raising-health-fraud-awareness-among-canadians.html.

ing Advisory Board）是得到政府认可的广告行业的自我监管机构。它们是通过提供广告审查和咨询服务、处理广告投诉服务的非营利组织，会对服务收取一定费用，二者的分工为：广告标准协会受理非处方药、自然健康产品和一般日用品广告的审查、咨询和投诉服务，医药广告咨询委员会负责医疗产品广告的审查、咨询和投诉服务。经其审查的广告都会有一个印章/标志，代表了已经审查。❶

5.5 澳大利亚

5.5.1 监管法规体系

澳大利亚在规制虚假宣传与欺诈营销方面最重要的法律是2011年1月1日生效的《竞争与消费者法》（*Competition and Consumer Act*）。该法经由《1974年贸易行为法》修改而来，其主体包括《反托拉斯法》和《消费者法》（*Australian Consumer Law*）。作为《竞争与消费者法》的一部分，《消费者法》对广告及营销行为进行了规制，第18（1）条的一般条款明确禁止工商业中误导性或欺骗性行为，或者可能导致误导或欺骗的行为。当前陈述，或者针对将来的事项的陈述，尤其是包含在广告言论中的陈述，必须真实准确。第18（1）条的一般条款与第29条所列举的13种具体误导陈述（与商品或服务的提供、可能提供以及促销）相互策应。❷ 根据该法规定，声称包括企业在任何媒体（印刷、广播、电视、社交媒体和在线）或产品包装上的广告或声明，以及代表企业的人所做的任何声明。❸

---

❶ The advertising preclearance system [EB/OL]. (2019-08-20) [2019-11-20]. https://www.canada.ca/en/health-canada/services/drugs-health-products/marketing-drugs-devices/advertising-preclearance-system.html.

❷ 博德维希. 全球反不正当竞争法指引 [J]. 黄武双，等，译. 北京：法律出版社，2015：118.

❸ False or misleading statements [EB/OL]. (2018-03-22) [2019-11-20]. https://www.accc.gov.au/business/advertising-promoting-your-business/false-or-misleading-statements.

第5章 典型发达国家保健品虚假宣传和欺诈营销监管的经验

误导性接触包括书面陈述、口头语言、沉默——如果有义务披露相关事实,以及其他行为,包括在特定情形下将标签置于产品上。是否具有欺诈的故意不具有相关性。是否存在误导行为,仅看客观事实。如果工商业的一种行为在特定情形下不会误导或欺诈,或者是一种评论性质的陈述,或者纯粹表达了一种意见,或者可认定为一种吹嘘,这些情形不应被认定为不实陈述。界限只能在具体个案中根据案情进行划定。法院通常参考相关消费者的认知,并在一般意义上使用中等普通理性谨慎消费者的标准。针对商品或服务来源的虚假陈述,根据《消费者法》第18条和特别条款,一个清晰可辨识的声明(disclaimer)❶可排除欺骗因素。澳大利亚广告实践中广为使用的是,在显著位置贴上小型印刷物"有条件地适用",也可排除欺诈。事后整改可能会导致责任的免除。广告代理商不仅是中间人,而且对其设计的误导广告也承担责任,但出版媒体不承担《消费者法》第18条的责任。❷

《消费者法》对直销行为也作了规定。直销主要包括登门销售、电话销售和电子商务等。未经消费者同意,销售人员对消费者进行登门销售、电话销售(在允许的电话时间内)自从2011年以来受到全国性的限制。通过电话达成的协议,只有在销售人员披露其身份且消费者事后签署协议的情形下才有效。针对一份主动提供的消费者协议(在消费者与不请自来的销售人员之间、通过登门销售或者电话谈判的形式订立的协议),《消费者法》提供十个工作日的"冷静期",在此期间,消费者有权终止合同。销售人员有义务书面告知消费者享有的权利。在此期间,销售人员不能提供商品或服务,也

---

❶ 企业不能以小字印刷和免责声明作为误导整体信息的借口。例如,一个广告声明产品是"免费的",但是附属细则表明必须支付一些费用。如果企业需要限定其广告,须确保限定声明是清晰和突出的,以便消费者知道其提供的真实信息。

❷ 博德维希. 全球反不正当竞争法指引[J]. 黄武双,等,译. 北京:法律出版社,2015:119-121.

不能接受付款。这属于法律的强制性规定，消费者不得放弃。❶

除上述一般规定外，食品药品领域还有一些特殊规定。《澳大利亚新西兰食品标准规范 1.2.7—营养、健康及有关声称》（*Food Standard Code 1.2.7—Nutrition, Health and Related Claims*）规定了食品可以进行营养含量声称（Nutrition Content Claim）❷ 和健康声称❸。健康声称又分为高水平健康声称（High Level Health Claim）❹ 和一般水平健康声称（General Level Health Claims）❺。如果商家使用这些声称进行广告宣传，必须事先经澳大利亚和新西兰食品标准局备案或审批❻。《治疗产品法》对治疗产品（其中包括药品、医疗器械、防晒霜和类似我国保健食品的补充药品）的广告宣传进行了规定，如授权一些行业组织对治疗产品的广告进行上市前审查等。

5.5.2 监管体制

澳大利亚"保健品"虚假宣传与欺诈营销的监管由多个机构负责，其中，澳大利亚竞争与消费者委员会（Australian Competition & Consumer Commission）主要负责对进行健康声称的食品、化妆品和声称保健功能的一些日用品的广告宣传和营销活动进行监管，手段包括对消费者和企业进行教育以促进其遵守法律；通过欺诈警戒服

---

❶ 博德维希. 全球反不正当竞争法指引［J］. 黄武双，等，译. 北京：法律出版社，2015：123.

❷ 是指（1）存在或不存在下列物质的声称：生物活性物质、膳食纤维、能量、矿物质、钾、蛋白质、碳水化合物、脂肪、任何一种蛋白质、碳水化合物或脂肪的成分、盐、钠、维生素；（2）关于血糖指数或血糖负荷的声称；（3）不涉及含不含酒精的声称；（4）不是健康声称的声称。

❸ 是指陈述（state）、显示（suggest）或暗示（imply）某种食物或食物的某种属性对健康有或可能有影响的声称。

❹ 是指涉及严重疾病或严重疾病的生物标记的健康声称。

❺ 是指关于食物中的营养或物质，或食物本身，对健康的影响的声称，它不能涉及严重疾病或严重疾病的生物标记。

❻ 一般水平的健康声称企业只需通知澳大利亚和新西兰食品标准局，提供一份已按食品标准附表6的要求对食品—健康的关系进行了系统自查的证明即可，澳大利亚和新西兰食品标准局不做实质审查，但会对外公布这份通知并实时进行更新，企业也可随时撤销。

务(Scamwatch Service)收集信息并进行分析以发现苗头性问题;举办一年一度的全国防诈骗周(National Scams Awareness Week)活动,提醒消费者警惕诈骗风险,开展一系列执法行动等。❶其执法权力非常广泛,对于某些违反规定的行为,它可以寻求补救措施,可对公司处以最高110万澳元或对个人处以最高22万澳元的刑事或民事罚款,还可以发布关于取消资格的命令、阻止正在进行的行为的禁令和纠正广告的命令。❷

澳大利亚治疗产品管理局(Therapeutic Goods Administration)负责执行联邦治疗产品方面的法律,对治疗产品的广告,该局根据《竞争与消费者法》《2018年治疗产品广告规范》(2018 Therapeutic Goods Advertising Code)等法律法规开展合规活动,处理与不合规广告相关的投诉。对初次、持续或严重不守法的情况,实施从教育指导到监禁、刑法等不同程度的处罚(见表5.1)。

表5.1 基于风险的医疗产品广告监管行动表

违法行为的性质	风险水平	可采取的监管行动
广泛的或有针对性的广告可能针对弱势群体,和/或如果相信广告声称可能导致伤害或损伤的广告。不符合规定的广告引起公众健康关注或破坏公认的公共卫生信息。不符合规定的广告引起公众健康关注或破坏公认的公共卫生信息 行动:尽快联系相关负责人。指示立即处理有关问题。使用最适当和及时的监管工具	危险	·刑事调查或民事诉讼 ·给广告客户发注意通知 ·向联邦法院申请强制令 ·发布公开警告 ·合规承诺 ·取消或暂停产品 要求:在10个工作日内处理所有案例

---

❶ Compliance & enforcement policy & priorities [EB/OL]. (2019-03-15) [2019-12-20]. https://www.accc.gov.au/about-us/australian-competition-consumer-commission/compliance-enforcement-policy-priorities.

❷ Advertising and selling guide [EB/OL]. (2019-03-15) [2019-12-20]. https://www.accc.gov.au/publications/advertising-selling/advertising-and-selling-guide/what-happens-if-i-don%E2%80%99t-comply-with-the-australian-consumer-law.

续表

违法行为的性质	风险水平	可采取的监管行动
继续涉嫌的广告违规和/或性质较严重的违规，例如被禁止或限制的陈述或广告，可能会影响消费者安全或适当使用商品以符合其预期用途的能力。大众广告或潜在地影响行业内的其他人，致使损害消费者的利益。 行动：需要通过电子邮件或电话联系立即采取行动	高	·向广告客户发出侵权通知 ·发出证实通知书，提供有关广告或散播一般资料的资料或文件 ·给广告客户发注意通知 ·取消或暂停产品 要求：在 20 个工作日内处理 95% 的个案
广告客户已知悉其义务，并继续投放不符合规定的广告的持续违规行为。也涉及不被认为是严重的违约，因为广告不太可能导致不适当或过度使用产品。 行动：关于违规的正式警告通知和可用于处理进一步违规的监管工具。该通知要求在 14 天内做出答复	中	·致广告客户的警告信，要求在 14 天内答复 ·发出注意通知 ·发出侵权通知 ·指导材料 ·教育与培训 要求：在 40 个工作日内完成所有情况的 95%
在货物的正确内容、标志或使用方面存在误导，一次性的或单独的违反被认为是不严重的，不是公然的违规行为或广告商持续的漠视。 行动：向广告商发一份义务通知。该通知指出被指控的违规行为以及可用于处理进一步违规的监管工具，并包含了帮助未来合规的信息和指导，但不需要做出回应	低	·指导材料 ·教育与培训 要求：14 个工作日内处理 95% 如无回应个案结案，广告客户和商品的详细信息不列入在合规审查信息（对外公布）。被归类为低级别的案例被继续审查，以监控当前或正在进行的广告合规性

除了上述监管机构，一些行业组织也参与到"保健品"虚假宣传的治理当中。这些机构一般都有一套业务守则或行为守则，包括

广告要求，并有一些处理投诉的安排。作为会员资格的一个条件，这些行业组织受其组织规则的约束，并可能因不遵守广告规定而受到处罚。❶ 如澳大利亚补充保健委员会（Complementary Healthcare Council of Australia）和澳大利亚消费者保健产品协会（Consumer Healthcare Products Australia），前者负责补充药品的广告审查，后者负责其他形式的药品的广告审查。❷

5.6 启示

5.6.1 法律规定比较具体明确

从法律来看，上述国家大多对虚假宣传行为进行了较为详细的规定，采取概况加列举的形式不仅明确了虚假宣传的内容与形式，还明确了虚假宣传的行为特征与动机因素。出于保护消费者的考虑，对虚假宣传的认定也较为宽松，有的还明确了对宣传整体印象考虑的认定标准，对违法行为的处罚比较高，商家的违法成本就较高。同时，一些国家和实体还对具体的营销行为和某个具体的领域（如食品）的信息展示与宣传行为通过制定专门法律的方式进行规制，如日本的《特定商业交易法》、欧盟的《向消费者提供食品信息条例》。还有的法律中对老人、儿童等弱势群体给予特殊关怀，以更好地维护其权利。

对比我国来看，《反不正当竞争法》对虚假宣传的规定有些条款还比较原则、抽象，操作性不强，如对虚假宣传的对象分类和列举还不够详细。在实践中，司法机关能够较为娴熟地运用一般条款认定虚假宣传，但行政机关习惯于关注法律具体列举的虚假广告类型，

---

❶ Why and how advertising of therapeutic goods is regulated [EB/OL]. (2018-11-15) [2019-12-20]. https://www.tga.gov.au/why-and-how-advertising-therapeutic-goods-regulated.

❷ Therapeutic goods advertising: Update 31 July 2019 [EB/OL]. (2019-07-31) [2019-12-20]. https://www.tga.gov.au/media-release/therapeutic-goods-advertising-update-31-july-2019.

如无明文列举往往倾向于认定"法无明文规定"。❶ 有的地方监管机构在执法中遇到较为复杂的情形时倾向于向上级监管机构请示，影响了监管效率。此外，我国通过《反不正当竞争法》与《广告法》分别规制一般虚假宣传（广告外的行为）和虚假广告行为，但从处罚设定来看，对虚假广告的处罚可以参考广告费进行处罚，随着近两年我国加大执法力度，上千万的罚款也不少见，而对一般虚假宣传的处罚力度更轻一些。此外，《反不正当竞争法》没有对虚假宣传规定刑法措施，而《广告法》虽规定了对虚假广告可以处以刑法，但实际当中鲜有执行。❷

5.6.2 通过专门法律对食药领域虚假宣传的规制

在食药领域，上述欧美等国基本都通过标签法或营养标识法对食药的标签标识与广告宣传行为等进行专门规制，特别是具体规定了不同种类的功能声称类别及其相关管理办法。在我国，相关的规定还需上升到法律层次，法律效力等级还需高。另外，对保健功能定义的规定比较笼统，监管的可操作性不强，应尽快明确对保健功能声称的类型规定。

5.6.3 监管责任比较明确

从欧美等国的监管实践来看，其通过法律明确规定违法行为的监管归属、相关监管机构签订谅解备忘录等形式明确了对不同种类的"保健品"的监管责任，在实际监管中执法责任比较明确。我国由于缺乏相关详细的规定和责任分工，实际在执法过程中，监管机构相互推诿的情形时有发生。机构改革之前，工商、食药、商务、公安等部门对于保健品的监管经常需要通过专项整治的形式来克服监管职责不清的问题，2018年市场监管机构改革以来，情况得到一定改观，但还存在一定的内部协调问题。

---

❶ 宋亚辉. 虚假广告的立法修订与解释适用［J］. 浙江学刊，2015（6）.
❷ 杨曙光. 对虚假广告罪的适用难的理论思考［J］. 人民检察，2017（13）.

5.6.4 保健品上市后监管比较系统、科学

上述诸国在"保健品"上市后的监管都倾注了比较大的精力。监管的措施比较系统，既有一般的监管执法检查，还有不良反应报告系统等信息收集与评估。同时，在监管资源与处罚制度上还嵌入了风险监管和回应性监管等先进理念，如澳大利亚对补充药品广告违法行为的分级管理体系对根据市场主体违法行为的多寡采取不同的监管措施，对纠正市场主体的违法倾向具有较强的效果。从我国来看，由于监管执法权主要在地方，而地方监管机构的监管执法行为主要以机械执行上级要求或法律规定为主，在监管执法理念上很少进行主动变革。在对虚假宣传的监管执法上，将处罚当作执法的终点，致使一些企业不把法律当回事，如某药酒广告违法上千次，仍在正常经营。❶

5.6.5 行业自我监管比较发达

上述欧美等国在广告监管上基本都实现了行业组织的自我监管，行业组织制定了完善的规约、章程、制度和程序，为广告主体的合规活动进行指导、监督，规范会员的广告行为，同时，还负责申诉、调查等，甚至还有制裁的权力，享有很高的地位。而在我国，由于自我监管的缺失，加上中国式监管需要同时承担市场促进者和监管者的双重角色等因素，导致政府的监管中立性比较差，与地方保护和部门利益纠缠在一起，影响了监管效率。

当然，国外虽然对保健品市场的治理在某些方面取得一定成效，在很多地方也需要改进。我们要辩证地看待。

---

❶ 打不倒的鸿茅药酒：上千次违法广告竟被一笔勾销？[EB/OL]．(2018 - 03 - 20)[2019 - 12 - 20]．http://finance.sina.com.cn/chanjing/gsnews/2018 - 03 - 20/doc - ifyskeuc5465740.shtml.

第6章 我国保健市场虚假宣传与欺诈营销问题分析

6.1 法律法规方面的问题

6.1.1 虚假宣传方面

6.1.1.1 虚假宣传的定义及相关概念的界定不够明确

《消费者权益法》《反不正当竞争法》《广告法》《产品质量法》《食品安全法》都对虚假宣传进行了规制，但几部法律都未对虚假宣传进行明确定义，因此，严格说来，虚假宣传并非一个严谨的法律概念。此外，法律对虚假宣传与引人误解的宣传、虚假宣传与虚假广告、虚假宣传与欺诈等概念相互之间的区别、联系、界限等也未做出明确的界定，有些甚至是相互矛盾的。

《消费者权益法》第二十条规定："经营者向消费者提供有关商品或者服务的质量、性能、用途、有效期限等信息，应当真实、全面，不得做虚假或者引人误解的宣传。"《反不正当竞争法》第八条规定："经营者不得对其商品的性能、功能、质量、销售状况、用户评价、曾获荣誉等做虚假或者引人误解的商业宣传，欺骗、误导消费者。"——可理解为虚假和引人误解的宣传两者之间存在区别，是并列的关系。而《广告法》第二十八条规定，"广告以虚假或者引人误解的内容欺骗、误导消费者的，构成虚假广告"。《产品质量法》第五十九条规定:"在广告中对产品质量作虚假宣传,欺骗和误导消费者的,依照《中华人民共和国广告法》的规定追究法律责任。"——可以理解为引人误解的宣传是虚假宣传的一种。

《消费者权益法》第四十五条规定,"消费者因经营者利用虚假广告或者其他虚假宣传方式提供商品或者服务,其合法权益受到损害的,可以向经营者要求赔偿"。将虚假广告作为虚假宣传的一种形式,也就是说虚假宣传包括虚假广告,而《反不正当竞争法》第二十条规定,"经营者违反本法第八条规定,属于发布虚假广告的,依照《中华人民共和国广告法》的规定处罚",将虚假广告与虚假宣传分而规之。两部法律相矛盾给执法带来一定不利影响,在新一轮市场监管体制改革中,虚假宣传与虚假广告由市场监管机构中不同的部门进行监管,虽属同一机构,但仍然会涉及职责分工,产生推诿情形。

此外,虚假宣传与欺诈的关系也是一个法律难题。对于欺诈的认定《中华人民共和国民法通则》并无明确,但《最高人民法院关于贯彻执行〈中华人民共和国民法通则〉若干问题的意见》第六十八条规定:"一方当事人故意告知对方虚假情况,或者故意隐瞒真实情况,诱使对方当事人做出错误意思表示的,可以认定为欺诈行为。"《侵害消费者权益行为处罚办法》第十六条将第六条规定的虚假宣传行为认定为欺诈,因此,虚假宣传与欺诈存在法律竞合关系。围绕欺诈认定标准,学界存在"二要素说""三要素说""四要素说",实践中行政监管机构、法院等认定不一,除了不同监管机构、法官个人的认识不同,违法产品数额的大小、品牌知名度等因素都对欺诈认定产生影响。❶

6.1.1.2 处罚设定过低

2017年新修订的《反不正当竞争法》将虚假宣传的法律责任由

---

❶ 马一德.虚假宣传构成欺诈之认定[J].法律科学(西北政法大学学报),2014(6).

"可以根据情节处以一万元以上二十万元以下的罚款"调整为"处二十万元以上一百万元以下的罚款;情节严重的,处一百万元以上二百万元以下的罚款,可以吊销营业执照",相比1993年版本处罚力度明显加大。但是在保健品领域,与其获取的暴利相比,违法成本仍然较低。从法律责任来看,对比国外将虚假宣传纳入民事和刑事双重处罚,我国虚假宣传(狭义的)主要以民事责任和行政责任为主,而《刑法》虽明确了虚假广告罪,但实践中,有些行政监管机构漠视相关法律法规,任意扩大行政权力的范围,故意混淆罪与非罪的界限,对于触犯《刑法》的保健品虚假广告,往往以行政处罚息事宁人,而不依法移送司法机关。❶ 有学者检索"中国裁判文书网"发现,2017年3月前近三年收录的451万余件刑事审判案件中,适用虚假广告罪的案件仅有8件,几乎可以忽略不计。❷

保健品虚假宣传违法成本较低还表现于集体诉讼的制度设置方面。在国外,集体诉讼在制约保健品虚假广告方面表现出较强的规制力。如"红牛,给你翅膀"的广告,在美国由于集体诉讼红牛公司同意支付1300万美元赔偿❸,在加拿大由于集体诉讼被迫支付85万加元。❹ 红牛公司之所以同意支付,就是因为如果不及时终结集体诉讼,将会付出更多的成本。集体诉讼是一种非常经济的诉讼方式,可以将分散而又大规模的受害者联合起来对抗企业的不当经营行为。其诉讼一般都由律师发起,而非消费者,律师一旦嗅到集体诉讼的机会,就会主动公开征集受害消费者的授权,代表消费者诉讼。消费者无须承担诉讼费用和律师费用,这些费用都从最终的赔偿金中提取,由于获利机会较大,律师积极性高,有时会出现争抢案源的情形。

---

❶ 王丹,温浚泖. 治理保健食品违法广告的法律对策研究[J]. 法制博览,2017 (12).
❷ 杨曙光. 对虚假广告罪适用难的理论思考[J]. 人民检察,2017(13).
❸ 红牛美国折翅:广告和虚假宣传边界何在[EB/OL]. (2014 - 10 - 18)[2019 - 12 - 11]. http://finance.sina.com.cn/world/20141018/005220573252.shtml.
❹ 买红牛没有"翅膀",加拿大消费者不答应,现在每人获赔10加元[EB/OL]. (2019 - 08 - 29)[2019 - 12 - 11]. http://www.sohu.com/a/337380103_ 405849.

在我国，虽然有共同诉讼或代表人诉讼制度，但起到的作用有时有限，主要原因在于：一是律师动力不足。对于集体诉讼这样的风险代理诉讼，我国《律师服务收费管理办法》规定，群体性事件是不能按照"风险代理收费"的，而且，其他案件即便按照"风险代理收费"，收费也不能高于合同标的额的30%。二是法院对结案率的考核导向，使其在操作中通过立案流程将共同诉讼案件进行分化处理。❶

6.1.2 欺诈营销方面

在保健品的营销方式中，会议营销与直销占有一定市场，而其常常和欺诈、传销联系在一起，给行业的良性发展带来不利影响。客观地讲，在从事会议营销和直销的企业中，确实存在一些正规经营的商家，不然世界其他国家也不会允许其存在。不同于国外悠久的行业历史和成熟的法律规定，我国的《直销管理条例》《禁止传销条例》等规定历史还比较短，还存在一些不完善的地方。

6.1.2.1 直销法重视准入，轻视过程监管

发达国家在直销监管立法方面，一般采取比较宽松的门槛，但对经营行为的监管比较严格。如日本《特定商业交易法》对具体的规范经营作了较为详细的规定。如规定直销人员在向消费者推销产品或服务时有义务表明自己的身份和目的，在推销过程中不得作夸大或虚假的营销宣传，不能出现"绝对"等涉嫌过度营销和虚假营销的字眼，禁止对消费者进行不当劝诱下行为，推销商品或服务，须签订书面合同等。我国在直销监管法律规定方面，对市场准入门槛的设定比较高，如需要缴纳8000万元保证金，不能进行多层次直销经营，在规定区域内经营等，但对经营过程的规范、经营人员的义务等设定比较少。强调准入设置方面还存在一些漏洞，如直销员

---

❶ "集体诉讼"，遥远有多远？[EB/OL]. (2019-03-09) [2019-12-11]. https://mp.weixin.qq.com/s?src=11&timestamp=1571196368&ver=1915&signature=l7us6*9502JC7vzMSmU8O5q2LojK*ke1yxQfLAp6hR8odYGdpTyFdxbIXsO9h6Ql3CQQ534OhZtO*381NzfpXQPRCxI-GC92d6z-YjwOGlfzNDBaa2LBpTtoL0AKHCvf&new=1.

奖金比例不能超过30%，直销企业通过设立经销商的方式进行了规避。❶ 同时，过高的准入门槛将一些有合法经营意愿的小直销企业置于违法的"地下"经营地位，也造成了一定的市场垄断。随机抽取一些直销企业同样性能和用途的商品，直销价格无一不是店铺销售价格的两三倍，甚至高达几十倍。❷

不得不承认，中国的市场经济还不是十分发达，由于广大消费者的消费心理尚未趋于理性成熟，仍对政府的政策引导和市场调控存在较多的心理诉求，加之生产企业和经销商在价值观念、企业伦理、管理道德、诚实守信、守法经营等方面亟待提高❸，因而从当前来看，我国还并不具备大幅放开直销的社会基础和社会环境，但应从价格规范经营、弥补监管漏洞方面对当前法律进行修订完善。

6.1.2.2 会议营销监管法律待完善

会议营销不是一个严格的法律概念，从对会议营销监管的法律依据来看，我国法律规定也有待进一步完善，现有法律法规对于会议营销类虚假宣传欺诈行为的认定，缺乏明确规定，监管部门掌握的一些案件证据线索，往往因为达不到立案查处标准而无法处罚到位❹，会议营销缺乏类似直销那样的冷静期制度，消费者维权比较困难。

6.2 监管方面的问题

6.2.1 媒体、媒体监管机构、市场监管机构复杂关系造成的监管问题

当前，我国的媒体呈现公、私并存，共同发展的格局，行业竞

---

❶ 黄永健. 让直销站在阳光下接受监督——中国直销相关条例为什么要改？[J]. 知识经济, 2019 (4).

❷ 黄贵耕. 严格监管直销是杜绝传销的一剂良药 [J]. 法人, 2009 (2).

❸ 苗月新. 现行法规框架下中国直销业发展思路探索 [J]. 中央财经大学学报, 2009 (6).

❹ 铎印. 治理会议营销欺诈需完善法律法规 [N]. 中国工商报, 2018-04-25 (003).

争压力较大。从国营媒体来看,其正式事业编制有限,为了发展,需要雇用成倍于编制人员的企聘或临聘人员。在财务管理方面国营媒体大都实行差额拨款或自收自支,广告收入成为人员经费和运营经费的主要来源。

按照我国《广告法》等规定,地方电台、电视台、日晚报媒体作为广告发布者,应对广告真实性负主体责任,如发布虚假广告,市场监管机构有权对其进行行政处罚,同时还需通报新闻出版、广播电视主管部门以及其他有关部门。但在现行宣传体制管理下,地方电台、电视台、日晚报媒体基本都定位于地方宣传阵地,与党委宣传部门、出版广电行政监管部门属于一个系统,人事交流频繁。宣传部门的级别要高于市场监管机构,电视台、电台、地方日晚报等媒体也大多与市场监管机构平级,在广告监管方面,市场监管机构难以实施有效监管。如果遇到广告专项整治,整治过程中特别是行动之前,广告监管机构通常会与地方媒体主动沟通、约谈,尽可能争取对方的理解与支持,如果是通报、处罚,则会更加小心翼翼。有时候,地方政府也会刻意强调新闻媒体对当地的政治与经济意义,明示或暗示广告监管对其网开一面。在多数情况下,地方媒体与市场监管机构处于相安无事、互不侵犯的状态,广告监管也成为监管薄弱地带,特别是在省级以下的地方媒体,保健品的违法广告比较严重。

6.2.2 属地化监管带来的监管困扰

依照《行政处罚法》,我国行政处罚管辖适用行为地原则,对虚假宣传的市场监管也实行属地管理,这给执法带来困难。如在广告执法中,广告违法行为地市场监管机构对外地广告主做出的行政处罚难以执行。实践中,执法部门对外地广告主一般不处罚,而是移交广告主所在地处罚,但由于缺乏相应的制度制约,外地执法部门在接受移交之后由于种种原因(如地方保护主义因素),有的不予执行或难以执行行政处罚。[1]

---

[1] 张磊. 刍议新时期广告监管执法体系的完善[J]. 广告战略, 2014 (2).

目前，我国还没建立全国性的虚假宣传监管信息系统，异地之间的监管信息无法共享，为了减轻信息孤岛对消费者的不利影响，监管部门通过监管执法，建立了违法通报制度，意在提醒消费者理性消费，避免虚假广告误导掉入"大坑"，这也是抵制虚假广告的一种手段。不过，由于此类信息通报披露范围、披露形式等不同程度地受到限制，显现割裂、碎片、闭塞等特征，难为消费者知悉，效果十分有限。❶一些保健品、药品广告被通报多次仍能继续获得广告批文。

6.2.3 个别地区对保健食品与保健用品区分不清

保健食品是具有明确法律依据和专门监管机构的产品，而保健用品的类别多、产品杂，在国家层面没有统一的法律依据，有的省份出台了相关监管办法，但产品会流入其他省区。而多数省份没有相关规定，市场上的保健用品缺乏明确的监管主体，处于失控状态。有的产品经过地方监管机构审批备案❷，有的经过行业协会审批备案❸，但有的产品则没有经过任何机构审批或备案。有学者对北京的保健用品市场调查显示，保健用品有医械字、健字、卫妆字、消字、卫监健字等十余种批准文号（见表6.1），监管主体模糊不清致使监管缺失。

表6.1　北京市保健用品批准文号情况表

批准文号	产品数量
医械字	135
健字	23
消字	13
药字	15
医字	15

---

❶ 药品广告违法不能通报了之［EB/OL］.（2018-05-07）［2019-02-09］. http://opinion.southcn.com/o/2018-05/07/content_181778420.htm.
❷ 吉林省保健用品管理条例［N］.吉林日报，2017-06-22（010）.
❸ 河南省保健用品行业商会［N］.郑州商报，2019-05-15（003）.

续表

批准文号	产品数量
卫妆字	25
卫监健字	22
其他	52
合计	300

资料来源：肖健伶，等. 北京保健用品发展现状及监管情况的研究［J］. 价值工程，2016（19）.

6.2.4 社会监督的力量还不够

无论是对虚假宣传的监管，还是对欺诈营销的监管，我国实行的都是政府主导型监管。相比于发达国家成熟的行业自律机制，我国在社会力量参与保健品虚假宣传和欺诈营销方面还有待加强。由于社会力量的"缺位"，政府监管力量根本无力应对如此巨量的虚假宣传、会议营销、直销方面的违规违法问题，特别是在我国监管执法纵向事权划分呈金字塔形体制下，省级以上监管机构以指导、督导为主，执法基本依靠基层，而基层执法力量限于编制人员严重不足、年龄结构比较大、专业化水平比较低，监管呈现疲于应付之态。

由于食品药品事关人民健康和生命安全，为了加强监管，近些年我们推行了一系列"借力"举措，如支持食品药品领域的职业打假，推行"吹哨人"制度，起到了一定效果。但与此同时，职业打假也暴露出一些弊端，对市场秩序造成一定影响，挤占了一些监管和司法资源，为此，2017 年最高人民法院办公厅向原工商总局办公厅发函（法办函〔2017〕181 号）提出限制职业打假行为。其认为这些职业打假人打假的对象主要是大型超市和企业，主要集中在产品标识、说明等方面。该类企业往往是同类市场上产品质量相对有保障，管理较为规范的生产经营主体，而对于真正对市场危害较大的假冒伪劣产品及不规范的小规模经营主体打击效果不明显。[1] 产品

---

[1] 三名"职业打假人"被批捕，最高法：不再支持职业打假［EB/OL］.（2018 - 05 - 28）［2019 - 02 - 09］. http://www.sohu.com/a/233099897_679976.

标识、说明问题等标识宣传问题是市场环境的基础，是消费者知情权的集中体现，对消费者行使自由选择权具有重要意义。在保健品领域，如何在利用包括职业打假在内的社会力量对商家实行监督的同时，避免其不利影响，对监管者的智慧是一个考验。

6.2.5 多头管理带来的监管困扰

我国对保健品虚假宣传和欺诈营销的监管涉及多个部门，一些专项整治动辄需要十几个部门参与。在虚假宣传监管方面，由于市场上有食品、化妆品、医疗器械、消毒产品、保健用品等容易混淆的产品，监管涉及食品、保健食品、医疗器械、卫生、药品、反不正当竞争、广告等众多部门，彼此间责任模糊，违法治理不得不依靠专项整治进行。在直销、传销方面，也至少涉及商务、市场、公安等部门。

6.3 消费者教育方面的问题

6.3.1 消费教育缺失，理性消费能力较低

消费环境的改善可以调动消费者的积极性，但是消费知识和消费能力欠缺这两大短板却阻碍了理性消费的道路。在琳琅满目的商品面前，消费者踌躇不前，无法做出选择，归根结底，还是消费教育缺失导致的。从世界来看，消费教育在20世纪20年代开始出现，1960年世界上成立第一个国际消费者联盟组织，并于1995年更名为国际消费者联合会，覆盖了72个国家和地区，有近200个消费者组织。我国的消费教育在20世纪80年代逐步开展，1987年成为国际消费者联合会的会员。[1] 从实践过程来看，我国消费教育仍处在起步阶段，理论和实践均不成熟，社会的重视程度和回应程度不高，学校、政府、社会团体和家庭的消费教育仍存在缺位现象，导致消费

---

[1] 魏淑霞. 非理性消费与思想政治教育对策[D]. 济南: 山东师范大学, 2009: 21.

者的消费知识匮乏，消费能力不足，产生盲目从众心理、攀比心理、虚荣心理等消费心理，理性消费能力较低。

在知识匮乏、消费能力不足的情况下，消费者往往定力不足，很容易被客观和主观因素影响，进而限制了对商品的辨别能力，理性消费能力较低。据研究，在快时尚服饰产品领域，款式、质量、价格、品牌等产品属性在一定程度上会影响消费者的消费心理，如求异心理、求新心理，进而影响消费者的消费者能力，导致非理性消费行为的产生。❶ 消费心理是产品属性和非理性消费之间的一个中介；吸引消费者的产品属性是导致消费者非理性消费的外因和客观因素；外因会诱发求异和求新等作为内因和主观因素的消费心理，最终内外因和主客观的相互作用蒙蔽了消费者的双眼，使其忽视自己的需求、资金等因素，理性消费能力大打折扣，在不需要购买商品的情况下冲动消费，甚至在超过自己资金或者能力承受范围内枯竭消费。对湖南省高校大学生的消费调查显示，性别、地域、家庭收入、子女数量、信用卡等因素会影响学生的消费心理，产生非理性消费行为。其中女生比男生更容易非理性消费；城市学生的非理性消费行为比农村学生更明显；家庭收入越高，消费行为越不理性；独生子女的理性消费能力比非独生子女低；有信用卡的学生比没有的学生存在更多的非理性消费行为。❷ 其不理性主要表现在以下几方面：被商品的外观吸引而消费，陷入广告营销陷阱而消费，心情波动大而消费，攀比心理作祟而消费，盲目追求奢侈品而消费，因持有信用卡而消费等。以上不理性消费者大都不注重商品的实用性和质量。他们之所以消费是因为商品、生产经营者等客观因素和消费者自身原因等主观因素相互作用影响，从而导致随性消费、大肆消费。

---

❶ 温梦，陈建伟. 快时尚服饰产品对非理性消费行为的影响 [J]. 服装学报，2018，3（2）：183-188.

❷ 刘羽. 湖南省大学生非理性消费行为的实证研究 [D]. 长沙：南华大学，2015：22-29.

由此可知，消费知识和消费能力缺乏的消费者很容易被客观和主观因素影响个人消费心理，进而影响对商品的辨别能力，理性消费能力降低。我国消费者理性消费能力较低的根本原因，其实是消费者教育没有落实到位。在我国，学校作为最有效的教育根据地，没有将消费者教育实质性地纳入学生的课程，学校消费教育缺失。目前，我国还没有统一地把消费教育正式纳入正规的学校教育中。中小学生在劳动课、社会课等与素质教育相关的课程中有少量关于消费知识的内容，但专门的消费教育课程并没有开设❶，高校也没有统一地开设消费教育通识课。政府作为引路人，没有在立法的大方向上注重消费教育，没有让消费者在潜意识里明白理性消费应该是什么。我国的《中华人民共和国消费者权益保护法》（以下简称《消费者权益保护法》）从来没有对消费者教育做出明确的界定。不论是1993年的还是2013年修订的《消费者权益保护法》，均从未出现过"教育"一词。新修订的《消费者权益保护法》虽然规定了消费者享有获得消费知识的权利，但没有明确消费者享有受教育权❷。这意味着义务主体仍是一个书面词汇，没有被实体确定下来，消费教育没有得到权威的重视。以消费者协会为主的社会团体主导的消费教育不活跃。消费者协会具有向消费者免费提供消费信息和咨询服务，参与有关行政部门对商品和服务的监督、检查等职责，而消费者协会没有一套完整的信息收集和提供系统，信息有效性和传播效率低，消费者刊物少，受众也少❸，教育成效低，消费者理性消费能力无法提升。家庭也是消费教育的一大主体，家庭不正当的教育观念会影响消费者的理性消费能力。重智力教育而忽视劳动德育教育和勤俭节约意识以及理财观念的培养，无形中助长了高消费、盲目消费习惯的养成。

由于学校、政府、社会团体、家庭等主体的消费教育缺位，消

---

❶ 彭海兰. 食品安全教育的中外比较 [J]. 世界农业, 2006 (11): 58-59.
❷ 应飞虎. 我国食品消费者教育制度的构建 [J]. 现代法学, 2016, 38 (4): 38.
❸ 唐晓. 消费者协会的职责研究 [D]. 天津: 天津工业大学, 2016: 22.

费者表现出知识匮乏，辨别能力、谈判能力和决策能力不足等缺陷，面对浩如烟海的商品，他们往往手足无措，无法识别商品的有效信息，因而不能够通过自身判断选择自己真正需要的、有用的、最优的商品。消费者理性消费能力低，消费中的帕累托最优状态无法成为现实。

6.3.2　食物营养教育缺失，健康素养水平较低

健康营养教育是包括食物营养知识、合理膳食、食品安全等在内的一系列健康素养教育。在我国，食物营养知识还没有进入基础教育规划。在食品安全方面，《食品安全宣传教育工作纲要（2011—2015年）》提出到2015年底，中小学课程要渗透食品安全教育内容，中小学生食品安全基本知识的知晓率要达到85%以上。❶但是在实际执行中，老师和学生普遍重视主干课程的成绩而把其他课程的学习放在次要地位，而且学校没有专业的讲授消费者食品教育课程的老师。即使学校开设了食品教育课程，也只会找相对有时间或者稍微学习过的老师来代教食品教育课，其结果必然是老师带着学生"简单地过一遍食品知识"，这种走过场式的教学只是一种应付，毫无意义，学生学不到真知，健康素养水平偏低。

从膳食营养教育来看，一方面，由于高校教育者主观认为健康营养教育课程浪费时间，影响升学率；另一方面，受客观因素影响，师资力量缺乏，专业营养健康教师稀少，健康营养教育几乎采取轮岗式教学的方法，营养健康课程无法实质性地展开，课时得不到保障，形同虚设。❷学校单方面注重文化教育，对学生的健康营养教育关注度很低。很少有人注重营养健康知识的学习，导致学生对营养健康知识的了解与认识严重缺失。缺乏理论知识的指导，学生对食品的辨别能力较弱，无法做到均衡饮食、合理膳食，常根据个人爱好而不考虑健康因素去选择膨化食品、油炸食品、发酵食品等，甚

---

❶ 应飞虎. 我国食品消费者教育制度的构建［J］. 现代法学，2016，38（4）：43.
❷ 康乐. 浅谈高校营养健康教育现状及改进措施［J］. 食品安全导刊，2018（3）：61.

至把这些食品当作正餐。

我国营养教育研究严重不足,不论是个体研究者还是研究机构或研究团队,都没有起到一个很好的引领作用,机构间合作研究以及教学相关研究均较缺乏。调查显示,截至2017年8月,通过检索三大文献数据库共计获得3224篇有关学校营养教育的中文文献,其中国知网为1151篇、万方为1312篇、SinoMed为761篇。通过对这些文献中的263篇有效文献进行研究后发现,2012—2013年营养健康教育的出现频次突增,健康教育、营养健康教育稍微得到重视,但研究热度仍然不算高。与国内诸如大学生心理健康教育等领域的研究相比,学校营养教育领域的研究发文量极其稀缺,核心作者没有起到学科引领作用,未形成具有核心引领作用的研究团队,团队间的合作研究甚少,在这方面的研究严重不足。[1] 营养教育研究不足无法引起社会的广泛关注,严重阻碍推进食物营养教育的步伐,导致消费者对营养知识的认知度低却没有办法改变现状,健康素养水平低而难以提高。面对最基本的食品营养信息参照表——食物营养标签,大多数消费者往往一头雾水。据调查,消费者普遍关注营养标签,82%的消费者认为有必要在食物上标注营养标签,84.8%的消费者信任或基本信任营养标签上的信息,但现实生活中,只有5.8%的消费者能正确解读营养标签上的信息。[2]

基于上述原因,我们可以发现这样一种尴尬而无奈的局面:国家和社会甚至消费者个人都认识到食物营养的重要性,也认识到增加食物营养认知的必要性,但是社会各界都没有在行动上将食物营养提高到实质性的教育层面,国家在法律中未体现"消费者教育"或"食品教育"等词汇,学校的食物营养教育形同虚设,科研人员和机构对食物营养教育的研究不够深入。

---

[1] 朱润芝, 等. 中国学校营养教育研究的计量学与可视化分析 [J]. 中国健康教育, 2019 (4): 300 - 303.

[2] 刘淮玉. 消费者营养标签使用情况的影响因素调查与研究 [J]. 中华疾病控制杂志, 2012 (1): 60 - 63.

第7章 典型发达国家保健食品制度及其监管

7.1 美国

在美国，与中国保健食品类似的产品主要有进行功能声称的食品和膳食补充剂两类。

7.1.1 进行功能声称的食品

1990年美国国会通过了《营养标签与教育法案》(*Nutrition Labeling and Education Act*)。该法规定食品标签的营养含量声称（如"高纤维""低脂肪"等）须满足美国食品和药物管理局（Food and Drug Administration，FDA）的参数要求，食品的健康声称应基于良好设计的科学研究和显著的科学一致性，并须经FDA进行上市前批准，授权FDA制定具体的审批规则，未经FDA审批的健康声称，企业不得在市场上使用。FDA据此审批了"钙和降低骨质疏松风险""蔬菜、水平和降低癌症风险"等十多项健康声称。

1997年，为了加快审批进程，美国国会通过了《食品药品管理现代化法案》(*FDA Modernization Act*)，特别规定了基于美国政府或国家科学院的科学机构权威声明的健康声称也可以使用。此外，该法给了FDA 120天内回复企业的申请。如果期满之前没有采取行动禁止或修改声称，则默认企业可以使用该声称。根据此法，美国国家科学院的声明"全谷物食品和降低心脏病和某些癌症的风险"

"钾和降低高血压和中风的风险"等多项健康声称得以生效。

为了回应市场反应以及法院关于健康声称审批侵害宪法第一修正案所保护商业言论权的担忧，2003年，FDA对外公布了《消费者健康信息更好的营养计划》（Consumer Health Information for Better Nutrition Initiative）。其提出基于法院的裁决经验，只要食品标签信息不误导消费者，即使健康声称没有达到科学一致的标准，消费者也从中受益，基于此，提出了"限制性健康声称"（qualified health claims）。但作为声称的一部分，其标签按一定的格式注明支持声称的证据是有限的。根据这些规定，FDA陆续审批了"西红柿和/或番茄酱可以降低患前列腺癌、卵巢癌、胃癌和胰腺癌的风险""坚果可降低心脏病的风险"等一批限制性健康声称。[1]

食品经营者可以根据已审批的健康声称自行声称，单个产品并无明确的审批要求，FDA会到市场上对产品进行合规检查。

7.1.2 膳食补充剂

1994年，美国国会通过了《膳食补充剂健康和教育法》。该法提出了"膳食补充剂"（Dietary Supplements）的概念并对其监管作了规定。根据该法，膳食补充剂是指用于补充膳食的产品（除烟草外），含有一种或多种膳食成分，如维生素、矿物质、草本植物或其他植物、氨基酸等。这种膳食物质用于增加人类总膳食摄入量，可能是以上所列膳食成分的浓缩物、代谢物、提取物或混合物。

对于膳食补充剂监管，在市场主体管理方面，规定生产商和经销商无须向食药局注册；在安全责任方面，规定由政府承担对公众具有安全隐患的掺假品的举证责任；在标签方面，规定与推广一种膳食补充剂有关的宣传资料只要不存在虚假或误导性的、推广某特定生产商或品牌支持声称等情形，就不应认定为标签错误，认定这些情形的责任也由FDA承担；在功能声称方面，该法在《营养标签

---

[1] FIONA L, PATRICK G W. Health claims regulations: Comparison between USA, Japan and European Union [J]. British Food Journal, 2011, 113 (2).

与教育法》规定的健康声称之外，增加了备案制的结构/功能声称，进行结构/功能声称的产品无须审批，只在上市后 30 天内向 FDA 备案即可，但须在产品上注明"此声称未经食药局审评，本产品不用于诊断、处理、治疗和预防任何疾病"，将知情权和选择权留给了消费者。此外，该法还赋予 FDA 对"新膳食成分"的审批权，规定 1994 年 10 月 15 日前未在美国上市的膳食成分为"新膳食成分"，须在上市前 75 天向其提交安全证明材料。但是，如果某种物质在批准或许可日期之前尚未作为食品或膳食补充剂上市销售，而已经被批准作为新药或被授权开展新药调查，或进行了大量临床调查并已向公众公布，则不属于膳食补充剂，属于药品。

可以看出，在备案制管理下，膳食补充剂的准入门槛是相当低的。《膳食补充剂健康和教育法》前言中立法者解释了采取这种模式的理由："政府不应不合理地干预市场以限制产品和信息的流动，应尊重消费者选择权。"

7.1.3 日常监管

在美国，声称功能的食品或膳食补充剂的监管都由 FDA 承担。对膳食补充剂进行监管的机构是美国食品药品监管局下面的食品安全与营养应用中心。膳食补充剂和食品一起监管，没有成立单独的监管机构，法律没有要求 FDA 在膳食补充剂产品上市前确认其安全性和有效性。《膳食补充剂健康和教育法》规定，产品一旦上市，FDA 在限制产品的使用或者要求产品下架之前，有责任证明该产品是不安全的。❶

由于进入门槛比较低，FDA 对功能声称的食品和膳食补充剂产品的监管主要是一种上市后监管的模式，由于市场上的产品规模巨大，其检查难以全面覆盖，不得不依靠不良反应报告信息系统采取事后行动，这意味着伤害已经发生。如果 FDA 确定了经营者的违法

---

❶ FDA, questions and answers on dietary supplements [EB/OL]. (2018 - 10 - 01) [2019 - 02 - 27]. https://www.fda.gov/Food/DietarySupplements/UsingDietarySupplements/ucm480069.htm#FDA_role.

行为，经营者常常要面临巨额的处罚，但与这些不良商家赚到的利润相比，常常也是微不足道的。市场上的违法行为主要集中在虚假宣传，FDA 承认自己在监管虚假宣传方面面临诸多不利条件。其需要监管的产品太多、停止了食品随机抽样检测、监管比较被动、法院的判决有时并不支持 FDA 等，削弱了其监管权威等。❶

7.2 欧盟

在欧盟，和我国保健食品相似的产品主要有两类：进行功能声称的食品和食品补充剂产品。

7.2.1 进行营养与健康声称的食品

欧盟 2000/13/EC 指令第 2 条规定，"食品所使用的标签和方法……除适用于天然矿泉水和特定营养用途的食品的共同体规定外，均不得具有预防、治疗或治愈人类疾病的特性，或涉及此类特性"。随着市场和消费者需求的变化，加上公共卫生需要和成员国在这方面的不同规则，欧盟不得不考虑在这一领域进行立法规制。2006 年通过了《营养和健康声称法规》(*Regulation on Nutrition and Health Claims, 2006/1924/ EC*)，于 2007 年 7 月 1 日生效。该法整合了 2000/13/EC 指令中关于标识的一般条款，在欧盟内平等适用于有关特殊营养食品、矿泉水使用与销售、人类饮用水质量、食品补充剂的条款，❷ 即除了食品补充剂外，特殊营养食品、矿泉水等食品也可以进行营养声称与健康声称。

该法第 2 条第 2 款第 4 项将营养声称定义为"任何声明、表明或暗示食品因（1）其提供的能量；或者降低、提高能量提供效率或不提供能量；并且/或者（2）其具有的营养或其他物质；其降低或

---

❶ PATRICK M. The crazy maze of food labeling and food claims laws [J]. John's law review, 2018, 92 (2).

❷ 柯斯塔托，阿尔彼斯尼. 欧盟食品法 [M]. 孙娟娟，等，译. 北京：知识产权出版社，2016：270.

增加了营养成分比例；或不具有营养而具有特定有益健康的营养特性的声称"。第 2 条第 2 款第 5 项将健康声称定义为"任何声明、表明或暗示某种食品种类，某个食品或其中一项成分与健康之间的关系"。健康声称分为三类：降低疾病风险、促进儿童成长与健康和其他健康声称。❶

申请营养与健康声称需要提供相应的科学证据。欧洲食品安全局按照该法"普遍接受的科学证据"的原则要求并征求了"食品声称的科学依据评估过程"项目专家的意见，起草并于 2007 年 6 月对外发布了《准备和递交健康声称授权申请的科学技术指南》。❷ 截至目前，已审查并对外公布了一批营养与健康声称。

但是，在对功能声称进行评估时，所有关于植物的声称都失败了。随后欧盟委员会认识到药品法和食品法对待植物的区别（药品法允许对草药提供 30 年以上传统使用证据即可），于是在 2010 年停止了对植物性药物的评估并开始反思。❸ 2012 年，欧盟发布了一个讨论文件提出两种思路征求成员国意见：其一，继续按该证据标准进行评估，即意味着这些被搁置的植物声称大多数（如果不是全部的话）将会面临负面的评价；其二，认识到植物声称与其他物质的不同特性，改变现有的监管框架以纳入对植物声称传统使用的标准。由于成员国意见不一，2013 年和 2014 年，欧盟食品和兽医办公室在成员国开展了一系列调查，2015 年完成了一份概述报告。❹ 报告强

---

❶ 其他健康声称是指第 13 条特指的"有关营养素或其他物质在生长、发育及身体功能中的（生理）作用的声称（13.1a）、心理及行为功能的声称（13.1b）、在不违反 96/78/EC 指令前提下瘦身或控制体重或减少饥饿感或增加饱腹感或减少饮食中可供应的能量的声称（13.1c）和根据新开发的科学数据对第 3 段所述清单增加的任何声称（13.5）"。

❷ FIONA L, PATRICK G W. Health claims regulations: Comparison between USA, Japan and European Union [J]. British food journal, 2011, 113 (2).

❸ ROBERT A, et al. The substantiation of claims for botanical food supplements in relation to traditional use [J]. Aerospace & electronic systems IEEE transactions, 2013, 7 (4).

❹ Overview report on a series of fact finding missions carried out in member states in 2013 and 2014 in order to gather information regarding the controls on food supplements [EB/OL]. (2017 – 08 – 11) [2019 – 10 – 11]. http://ec.europa.eu/food/fvo/overview_ reports/details.cfm? rep_ id = 80.

调,各成员国对待植物和植物制剂的规制各异,由于成员国和欧盟判例法的不同解释,同一产品在一个成员国被当作药品,而在另一个成员国却被当作食品。报告同时强调,鉴于此类产品在互联网上销售增长,现有规则的执行存在困难,对植物产品的功能声称标准需要进一步分析。当前,欧盟对植物产品的功能声称审查实际处于停滞状态。

虽然对植物产品的争论陷入困境,但成员国还是一定程度上执行了2006/1924/EC。该法要求成员国当局执行,但是由于在该法或其他监管法案中没有明确的要求,成员国可以自由选择执行策略。一些成员国和行业组织据此也制定了一些执行文件和指南,但这些指南有的比较粗略,有的比较详细,有的不具有强制力。在实际执法中,各成员国的尺度也不一样,如意大利对一个木瓜的虚假声称处以25万欧元的罚款,而在英国广告标准局的策略是进行名誉上的处罚。有学者认为,这些执行策略和标准的不统一影响了该法的预期目标的实现。[1] 此外,成员国执行也面临诸多困难,监测与跟踪健康声称将是一项"艰巨的任务",因为不仅需要监控标签,还需要与消费者进行各种形式的沟通。在德国,监管重心是城市。但市场上有成千上万种产品,每一种都需要检查是否符合要求,就人力而言,他们很难办到。

7.2.2 食品补充剂

欧盟2002年通过的《食品补充剂法令》(*Directive* 2002/46/EC)提出了食品补充剂的概念,即指用于补充日常膳食的食品物质。它是以单独或者组合形式构成的营养物质或其他具有营养或生理功效的物质。它可以以剂量形式销售,如胶囊、软糖、片剂、药丸等,或者其他类似的形式,如袋装粉末、液体精华素、滴药瓶以及设计成以小单位量计量的液体和粉末的类似形式。

---

[1] ALIE DE B, et al. Enforcement of the nutrition and health claim regulation [J]. EFFL 2015, 10 (5).

和美国类似，欧盟的食品补充剂也划为食品类别。由于被认为是食品，除了适用专门针对食品补充剂的规定，普通食品法同样适用于食品补充剂。食品补充剂可以按《食品营养与健康声称规定》进行营养声称和健康声称，声称需要经过欧盟食品安全局审批。根据2002/46/EC指令第十条规定，"为了有效监督食品补充剂市场，成员国可以要求制造商或将在领土内市场上投放（食品补充剂）产品的人通知主管机关将通过在标签上标注的方式向市场销售该产品"。成员国基本已按此规定建立了上市前通知的制度。在大多数成员国，食品补充剂的责任主体是企业，其市场准入门槛较低。食品补充剂根据欧盟食品安全局批准的营养或健康声称实行备案管理（见表7.1），政府不做实质审查。在奥地利、荷兰、瑞典，上市前备案非强制要求，更注重上市后的监管。主管机构通常会定期进行市场检查。检查的范围主要包括膳食补充剂的成分、标签和声称等。如果发现违法、违规行为，则将采取产品下架、特定处罚等措施。❶但是，也有成员国将上市前通知设定为一种准注册程序，进行一定程度的审查。❷还有的成员国（如德国）认定食品补充剂具有药品功能，应当按药品进行审批，因而禁止其他成员国的补充剂产品在本国流通。❸

表7.1 欧盟各国食品补充剂管理

国　家	备案与否
奥地利	否
比利时	是
保加利亚	是
克罗地亚	否

---

❶ 韩军花，李晓瑜. 特殊食品国内外法规标准比对研究［M］. 北京：中国医药科技出版社，2017：244.

❷ MONIKA Z. Polish legal regulations on marketing of food supplements［J］. European food and feed law review，2012，7（4）.

❸ BERND VAN DER M. Medicinal claims—Prohibition, enforcement and delineation: Food in fact but medicine in law?［J］. European food and feed law review, 2017, 12（5）.

续表

国　家	备案与否
爱沙尼亚	是
芬兰	是
法国	是
德国	是
意大利	是
拉脱维亚	是
立陶宛	是
卢森堡	是

资料来源：韩军花，李晓瑜. 特殊食品国内外法规标准比对研究［M］. 北京：中国医药科技出版社，2017：244.

与宽松的备案制相适应，多数欧盟成员国针对食品补充剂产品建立起了强制性的溯源制度和信用体系制度，以保障企业的经营行为合规。按照欧盟要求，食品补充剂产品的生产、加工和流通等环节须做到可追溯，产品的生产环节必须保留记录以备查询。厂商须按规定建立可操作的产品召回程序和体系，当市场上的产品出现质量问题时启动召回程序。主管部门为企业建立诚信档案，将日常的监督检查、消费者投诉等情况记录在案，对问题严重的企业将在今后的监督检查中加大检查力度。

7.3　日本

在日本，类似中国的保健食品属于健康食品的范畴，但健康食品是一个比较宽泛的通俗的概念——得到法律认可的有三种：特殊健康用途食品、营养功能声称食品和功能声称食品。

7.3.1　特殊健康用途食品

1984年，日本教育部启动了一项食品功能的研究项目，取得了一些食品功能的科学证据。结果推动日本厚生劳动省于1991年建立了功能食品的评估与监管体系，即在《营养改善法》（*Nutrition*

Improvement Law) 推出特殊健康用途食品。[1] 该法规定，特殊健康用途食品指的是含有特定成分，具有调节人体生理功能的食品，其有效性、安全性均有明确的科学依据，上市须经过严格的审查与评价，获得监管机构（一开始由厚生劳动省负责，2009年消费者厅成立后转移给消费者厅）批准。特殊健康用途食品可以进行健康声称，但不得进行"预防""治疗""治愈""诊断"等疾病声称。厚生劳动省对健康声称进行了界定：①保持或改善一个（生理）指标，通过自我诊断或健康检查；②维持（或改善）人体的生理功能和器官功能；③导致身体状况的短期变化，而不是长期变化。

由于特殊健康用途食品对产品上市要求比较严格，产品类型较少。2005年为了扩大消费者选择，日本政府又扩大了特殊健康用途食品的范围，增设了规格标准型、降低疾病风险型和附带条件型三种类型。规格标准型是根据已经审批的特殊健康用途食品产品，当某一产品审批的数量达到一定数量时，表明这一产品所具有的功效比较稳定，科学依据比较充足。消费者厅据此制定此类产品的功能成分来源、每日推荐使用量等规格标准，以后再有企业申请此类产品，不再需要个别审查，只需要进行简单的规格审查即可。降低疾病风险的特殊健康用途食品是指，产品功效成分在医学或营养学上已被广泛证实具有降低疾病风险的作用时，允许其在产品标识上标示具有降低疾病风险的功效，比如叶酸和钙。附加条件的特殊健康用途食品是指，产品功效的科学证据达不到设定的标准，不够充分，但降低标准后显示具有一定功效的产品，如将功效的差异显著性标准由5%降低为10%。这类产品需要在产品标签上附上特殊标识和"本产品含有××成分，虽然科学依据不够充分，但该成分可能适用于××生理状态"的字样。

---

[1] SHIMIZU T. Health claims and scientific substantiation of functional foods – Japanese regulatory system and the international comparison [J]. European food and feed law review, 2011, 6 (3).

7.3.2 营养功能声称食品

营养功能声称食品制度建立于2001年，主要定位于补充维生素、矿物质、脂肪酸等特定的营养成分。厚生劳动省对营养功能声称食品的营养素含量范围制定了标准，企业可以根据规格标准自行上市，并按照标准要求标识营养功能，不需要事先进行申报以及审批。❶ 产品既可以是加工食品，也可以是生鲜食品。上市的产品可以标示所含营养素的功能，如"钾是维持血压正常的必需营养素""维生素A是有助于在夜间保持视力，并维持皮肤或黏膜健康的必需营养素"等。另外还需要标注"本产品与特殊健康用途食品不同，未经消费者厅个别审查，大量摄取并不能增加健康"的免责标识。

7.3.3 功能声称食品

2015年，功能声称食品在《食品标签法》下生效，日本颁布新的功能食品声称制度，创设了新的功能声称食品监管体系。功能声称食品适用于所有食品，包括生鲜产品。对于功能声称食品，任何食品都可以申请，实行产品备案制，产品上市前60天企业须向消费者厅提供产品的安全性、有效性、不良反应等信息，但消费者厅不做实质审查，企业承担全方位责任，提交的所有信息都在消费者厅的官网上公开。❷

此外，日本还存在一种特殊膳食用途食品，主要包括医学用途食品（如低蛋白食品、无过敏的食品、无乳糖的食品、全面的营养食品）、孕妇或哺乳期妇女配方奶粉、婴幼儿配方食品以及适合吞咽困难的食品，这些食品需遵守一些特别规定，但不能使用上述专用的健康功能声称及其标识。❸

---

❶ 田林. 中日保健食品安全监管问题的比较法研究［J］. 日本研究, 2015（1）.

❷ What are "Foods with Function Claims"? ［EB/OL］.（2015 - 11 - 30）［2019 - 01 - 20］. https://www.caa.go.jp/policies/policy/food_labeling/information/pamphlets/pdf/151224_1.pdf.

❸ Criteria for labeling permission for "Foods for Special Dietary Uses" ［EB/OL］.（2018 - 04 - 08）［2019 - 01 - 20］. https://www.caa.go.jp/policies/policy/food_labeling/health_promotion/pdf/health_promotion_190509_0001.pdf.

7.3.4 日常监管

特殊健康用途食品的严格审批制度,和近年来大力推行的功能声称食品制度表明,日本对健康食品的监管趋向于逐渐降低行业门槛;监管重心由上市前审批转向上市后监管,由企业承担更多的主体责任,以满足消费者的自由选择权(见表7.2)。为此,消费者厅加强了上市后监管。

表7.2 日本功能食品谱系

一般食品	营养功能声称食品	功能声称食品	特殊健康用途食品			一般型
			规格标准型	附带条件型	降低疾病风险型	
自行上市→备案→规格审查 →文献为主的许可→实验为基础的许可							

一是尽力消除信息不对称。在给予国民更多的选择权的同时,日本监管机构致力于创造透明的市场环境,针对不同类型的健康食品制定了不同的信息披露规定,消费者可以根据产品类别判断出政府对该产品是否进行了审查以及审查的程度。

二是加强质量管理。日本的保健食品一般都须满足严格的生产规范的要求。对于一些具体的产品,消费者厅还要建立相关的质量体系,如加工类的功能食品,需建立健全设施和员工的卫生控制体系;对于生鲜类功能食品,需建立健全生产、收获或捕捞的卫生控制程序。功能食品还需建立为防止不合格产品的分发而设计的系统,建立功能性物质的检验分析方法等。[1]

三是强化上市后的合规监管执法。在大幅降低产业门槛的同时,产品质量的差异性加大,这也客观上增加了监管的难度。为此,日本加大了上市后的监管力度。政府一方面支持行业组织(如日本健康营养食品协会等)充分发挥自我规制的作用;另一方面,采取更

---

[1] What are "Foods with Function Claims"? [EB/OL]. (2015-11-30) [2019-01-20]. https://www.caa.go.jp/policies/policy/food_labeling/information/pamphlets/pdf/151224_1.pdf.

多的执法措施,各地方政府每年都会制定或修订监督指导规划,聘请专业的检查员现场检查违规情况,鼓励公众举报,一旦发现产品有问题,消费者可以向相关监管机构通报,对于违规情况实行严厉处罚。❶

四是强化对功能食品的监测。消费者厅要求功能食品经营企业建立不良反应信息系统,在食品标签上标明企业的联系电话,以接受消费者的不良反应报告并向消费者厅进行反馈,消费者厅对此做好相关监测与预警工作。

7.4 加拿大

在加拿大,与中国保健食品类似可以进行健康声称的产品包括两类:自然健康产品和进行健康声称的食品。

7.4.1 自然健康产品

2004 年《自然健康产品监管法》(Natural Health Products Regulations) 在食品和药品监管体系之外为自然健康产品专门创设了一个独立的监管体系,采取类似药品的监管方式。自然健康产品的定义是:草药、维生素、矿物质、重要脂肪酸、氨基酸等物质或这些物质的组合。另外,还包括顺势疗法药品和传统药物,其功效主要有三类:一是诊断、治疗、减缓或者预防疾病、身体功能失调或其他异常的身体状态;二是恢复或纠正人体的器官功能;三是调整人体的器官功能,例如通过维持或促进健康的方式调整人体的器官功能。❷

自然健康产品由加拿大健康部的天然健康产品项目设定管理。该项目由三个理事会组成,每个理事会都有自己的特定角色和职责。

---

❶ 陈文,等. 日本对功能食品的管理[J]. 食品工业科技,2009(8).

❷ Definitions [EB/OL]. (2019-10-31) [2019-12-12]. http://inspection.gc.ca/food/requirements-and-guidance/labelling/industry/health-claims/eng/1392834838383/1392834887794?chap=18#s44c18.

加拿大卫生部下属的自然和非处方健康产品理事会（The Natural and Non-prescription Health Products Directorate，NNHPD）是天然健康产品项目的领导理事会，也是加拿大自然健康产品商业销售的监管机构。其负责产品和场地许可证的评估和发放。由于自然健康产品的产品范围比较广泛，一些产品还具有药品的治疗功能，所以对产品的监管也比较严，市场进入门槛比较高，实行类似药品的注册管理。天然健康产品在上市之前，均需要获得产品注册许可证和生产场地许可。为了获得许可，企业需要满足特定的标签和包装要求，遵循良好的生产规范，提供适当的安全和有效性证据。由于自然健康产品的来源比较多元，其监管哲学也需具有包容性。自然和非处方健康产品理事会坚持在尊重选择自由及哲学和文化多样性的前提下确保此类产品的质量、安全性和有效性[1]，其在制定管理办法时，监管机构并没有一刀切，而是根据产品类别、风险大小、认知水平分别采取不同的监管办法。

第一，将产品按风险分为高、中、低三类，审查周期各不同，分为180天、30天和10天。

第二，根据不同类型产品成分编写不同的专论，用于指导企业申报。加拿大卫生部对几百种已知产品信息即产品安全性、有效性或者质量信息进行了筛选、分析、总结，制定了250多种产品专论，其中，单一药用成分配方产品和多种药用成分配方产品专论分别用不同的标准进行了规范。

第三，根据功效声称的难度，其科学证据审查的标准不同。自然和非处方健康产品理事会根据现代与传统的产品特性，分别制定了《现代健康声称的天然健康产品许可办法》和《传统药物使用的天然健康产品许可办法》。前者针对根据现代营养学的理论所生产的产品，须根据现代科学理论进行功能评价；后者是根据传统理论所选择的产品，其评价会充分考虑传统使用和传统文献的证据。实际

---

[1] Natural health product regulations: Perceptions and impact [J]. Trends in food science & technology, 2008 (19).

功效评价只有那些复杂的、具有宽泛的疗效主张的产品或曾有不良历史的产品才被要求进行人体临床实验。证据可以是科学实验，也可以是文献资料，比如有影响力的参考资料、传统文献、专家共识，还可以是来自权威机构或部门的相关文件。如果功能声称级别较高，则需要更严格的证据审查，如标注有治疗、预防或者治愈严重健康状况方面的功效，产品疗效的证据要符合高风险证据类别。这些证据类别包括：Ⅲ、Ⅳ期临床试验，荟萃分析，前瞻性观察试验，或者有一个前瞻性和回顾性的研究。

已上市的健康产品理事会（The Marketed Health Products Directorate，MHPD）负责为已上市的自然健康产品制订安全监测、信号和安全趋势评估、风险交流等的办法，负责涉及自然健康产品的不良反应的管理。特别是对功效确定性较差的Ⅲ类产品，其保持高度警惕，通过警戒系统持续跟踪采集并分析相关信息。《天然健康产品监管条例》要求自然健康产品许可证持有人监测与其产品有关的所有不良反应。消费者可向卫生保健提供者或直接向其报告不良反应。❶

健康产品和食品局检查理事会（The Health Products and Food Branch Inspectorate，HPFBI）负责执行相关规定，进行合规检查、产品召回及相关调查。消费者或行业从业人员对自然健康产品的投诉由其受理。❷

7.4.2 进行健康声称的食品

在加拿大，食品、药品和自然健康产品主要受《食品和药品法》规制，其中一些条款涉及食品的健康声称：①食品的定义（第二节）；②药品的定义（第二节）；③禁止就附表A所列的情况做广告

---

❶ About natural health product regulation in canada [EB/OL]. (2016-08-11) [2019-12-12]. https://www.canada.ca/en/health-canada/services/drugs-health-products/natural-non-prescription/regulation.html.

❷ Information kit - Regulation of natural health products [EB/OL]. (2009-03-31) [2019-12-12]. https://www.canada.ca/en/health-canada/services/drugs-health-products/natural-non-prescription/regulation/information-kit.html.

(第三节);④禁止欺骗性广告(第五节);⑤授权食品做类似药品的声称[第30(j)节]。为落实这些规定,《食品和药品监管条例》对其进行细化,规定食品可以进行类似药物一样的健康声称。❶ 这种声称某种程度上具有与药物声称重合的地方,只是法律将食品的健康声称作为药物声称的例外情况独立出来。

加拿大食品健康声称主要有两种类型:降低疾病风险的声称和功能声称,其中,降低疾病风险的声称包括治疗声称❷,功能声称包括营养功能声称❸。申请一个健康声称需要经过加拿大健康部食品司(Food Directorate of Health Canada)的审查。其评价标准基于十个原则:系统方法、透明、广泛、人类证据、高水平确定、因果关系、声称效果的生物学相关性、有效剂量摄入的可行性、健康声称措辞、在申请意见书中证实一项食物与健康的关系。这些原则和细节在申请健康声称的指导文件中进行了说明。❹ 经过审查的符合条件的健康声称,即被列入相应类别的声称名录里对外公布。如果有企业想使用降低疾病风险声称名录里的声称需要经加拿大健康部食品司审批。功能声称则实行自愿审批。使用这些声称需要遵循规定的条件,如使用降低疾病风险声称必须使用规定的措辞,必须符合相关的成分

---

❶ Guidance document for preparing a submission for food health claims[EB/OL].(2011 - 10 - 18)[2019 - 12 - 12]. https://www.canada.ca/en/health - canada/services/food - nutrition/legislation - guidelines/guidance - documents/guidance - document - preparing - submission - food - health - claims - 2009 - 1.html.

❷ 是指治疗或减轻疾病或与健康有关的状况,或关于恢复、纠正或修改身体功能的声称。——Health claims:Definitions[EB/OL].(2019 - 10 - 31)[2019 - 12 - 22]. http://inspection.gc.ca/food/requirements - and - guidance/labelling/industry/health - claims/eng/1392834838383/1392834887794?chap = 18#s44c18.

❸ 是指作出这样声明的声称:一种食物的能量(热量)值或食物中所含的营养物质通常被认为是维持身体机能的一种帮助,而身体机能是维持良好健康和正常生长发育所必需的。

❹ Guidance document for preparing a submission for food health claims[EB/OL].(2011 - 10 - 18)[2019 - 12 - 22]. https://www.canada.ca/en/health - canada/services/food - nutrition/legislation - guidelines/guidance - documents/guidance - document - preparing - submission - food - health - claims - 2009 - 1.html.

标准、标签或广告必须说明声称的具体信息。❶

此外，在加拿大市场存在着一些诸如"健康的选择"等比较宽泛的一般性健康声称，法律对此尚无具体的监管规定，但像所有健康声称一样，仍须遵守《食品和药品法》第5条（1）款的规定，即它们不能是虚假的、误导性的或欺骗性的。此外，还没有营养标准来确定食品是否能满足这些要求。对此，加拿大食品检察署和健康部已联合制定了相关指南，以规范这些声称使用中的广告和教育材料、第三方背书、标志和印章的批准等，以及健康饮食或饮食指南的声称。❷

进行营养和健康声称的食品合规检查主要由加拿大食品检察署执行。

7.5 澳大利亚

在澳大利亚，与我国保健食品类似的产品主要有补充药品和进行功能声称的食品两类。

7.5.1 补充药品

在澳大利亚，与国内保健食品较为接近的产品主要有进行健康声称的食品和补充药品（Complementary Medicines）两类产品。

补充药品属于《治疗产品法》（*Therapeutic Goods Regulations*）调整的范围。它是指全部或主要由该法附表14所提及的一种或多种活性成分组成的医疗性产品，其中每一种活性成分都具有明确的鉴定

---

❶ Acceptable disease risk reduction claims and therapeutic claims [EB/OL]. (2019 - 10 - 31) [2019 - 12 - 22]. http：//www.inspection.gc.ca/food/requirements - and - guidance/labelling/industry/health - claims/eng/1392834838383/1392834887794?chap =7.

❷ MARY R L, et al. Health claims on foods in Canada [J]. Journal of nutrition, 2008, 138 (6).

和传统用途。❶ 根据《治疗产品法令》，医疗产品管理局（Therapeutic Goods Administration，TGA）为医疗产品建立了一个强大的数据库——澳大利亚治疗产品注册登记数据库，将所有治疗产品按风险分为三类：风险等级较高的作为注册类产品，需贴上 AUST－R 数码标签，上市前进行安全性、有效性和质量评估。这类产品主要包括处方药、大部分的非处方药和一小部分补充药品。风险等级较低的作为登记类产品，贴上 AUST－L 数码标签，医疗产品管理局只对质量和安全进行审查，不审查功效，这类产品包括大部分的补充药品和一小部分非处方药。❷ 列入登记类的补充药品，其允许声称的功能和适应证主要有：维持和促进身体健康、预防营养缺乏、改善非严重疾病或症状等❸，实际是一种备案制管理模式。在高与低风险治疗产品之外，2018 年 3 月 19 日，即评估登记类产品被引入。其适用于中等程度的适应证。申请人需要先对产品的安全性和质量进行自我审查认证，医疗产品管理局再进行功效审查后才能准许上市。❹

澳大利亚补充医疗产品的理论基础来源较为多元，既有西方现代营养学、顺势疗法理论，也有中国、印度的传统医学理论，还有由古埃及传播到欧洲的芳香疗法。根据这些理论开发的产品范围也比较广泛（见图 7.1）。由于这些理论来源在当代处于非主流的地

---

❶ 《治疗产品法》附表列举的活性物质有：氨基酸、木炭胆、碱盐、精油、植物或草本材料或合成的替代材料（包括植物纤维、酶、藻类、真菌、纤维素及其衍生物纤维素和叶绿素）、顺势疗法物质、除疫苗外的全部或提取的微生物、矿物（包括一种矿物盐和一种自然存在的矿物）、粘多糖、非人类动物材料或人工合成的此类材料的替代物（包括干燥材料、骨头和软骨、油脂和其他提取物或浓缩物）、脂质（包括必需脂肪酸或磷脂）、蜂王浆（由蜜蜂产生或从蜜蜂中获得的物质，包括蜂王浆、蜂花粉和蜂胶）、糖、多糖或碳水化合物、维生素或原维生素。——An overview of the regulation of complementary medicines in Australia [EB/OL]. (2017－11－11) [2019－12－22]. https：//www.tga.gov.au/overview－regulation－complementary－medicines－australia.
❷ Medicines and TGA classifications [EB/OL]. (2018－03－27) [2019－12－22]. https：//www.tga.gov.au/medicines－and－tga－classifications.
❸ 兰洁，等. 国际保健品管理的比较研究（下）[J]. 亚太传统医药，2008（8）.
❹ Pathways for complementary medicine products [EB/OL]. (2018－03－27) [2019－12－22]. https：//www.tga.gov.au/pathways－complementary－medicine－products－0.

位，所以产品虽然被划为治疗产品的范畴，其制度定位也不同于处于主流地位的医药产品，主要以满足市场需要为主。对于一些传统药物，并不特意对难以验证的功效进行实质性的审查，而是根据传统使用进行判断。这种"传统使用"是指对指定活性成分的使用，根据许多传统健康服务从业者在很长时间里所积累的经验，已有良好的记录，或通过其他方式得到证明。它一般是指书面或口头记录的证据，能够证明具有某种功效的物质已被使用三代或三代以上的时间。

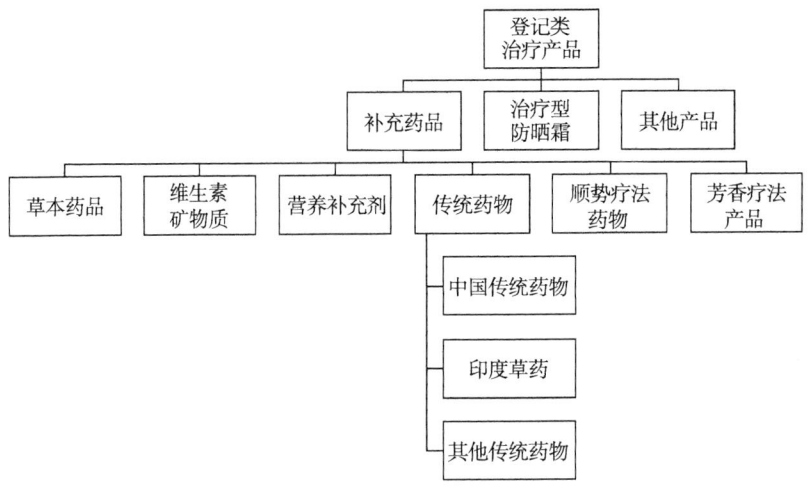

图 7.1 澳大利亚登记类治疗产品分类图

资料来源：医疗产品管理局的艾德姆·库克（Adam Cook）博士在中国食品药品检定研究院于 2018 年 9 月 26—27 日举办的 2018 年全球监管科学技术学术研讨会的报告。

澳大利亚监管者认为，补充药品整体来讲是一类风险比较低的产品，其功效也并非十分明确，但鉴于市场需求比较大，因而采取了低门槛的市场准入机制。对上市前的产品审查是一种形式备案的监管模式，产品的质量水平主要靠企业的自主控制。由于市场准入门槛较低，医疗产品管理局对补充药品上市后的监管较为严格，会对产品进行上市后合规监测。此外，还会通过不良反应报告系统收集信息，由专门的专家委员对信号进行评估和识别，一旦确认即会

引起监管行动。❶

如果医疗产品管理局发现一种产品不符合标准，会根据该产品所构成的风险采取行动，以确保该产品符合标准或从数据库中移除。医疗产品管理局基于风险管理的方法，会选择质量可疑的产品进行针对性审查。审查的重点是：

①可能会对消费者造成即时或潜在的健康风险；
②可能会严重误导澳大利亚公众，特别是在有健康影响的地方；
③涉及一个新的或正在出现的问题；
④如果不进行干预会变得普遍；
⑤是公众或媒体关注的对象；
⑥具有国家或国际层面上的意义；
⑦会导致利益相关者对医疗产品管理局或治疗产品失去信心。

医疗产品管理局经过审查会给问题产品或疑似问题产品做出一个合规审查等级。该等级表示所确定的缺陷的总和而引起消费者的关注，其将作为合规审查结果通知的一部分传达给主办方。合规审查等级有严格的定义和标准（见表7.3）。在某些情况下，医疗产品管理局无法对某一产品给出合规审查评级，例如在开始审查时或审查过程中，主办方取消了来自注册登记数据库的药物。在这种情况下，该药被定为"不确定"级。❷

表7.3　补充药品合规审查结果等级及其标准

合规审查评级	定　义	缺陷标准
A	没有识别缺陷。基于所审查的信息，对药物的安全性、有效性或质量没有担忧	没有发现任何缺陷

---

❶ SUMAN D K. A comparative analysis of post – Market surveillance for natural health products (NHPs) [D]. Ottawa: University of Ottawa, 2013.

❷ Listed medicine compliance reviews [EB/OL]. (2019 – 11 – 27) [2019 – 12 – 30]. https://www.tga.gov.au/listed – medicine – compliance – reviews.

续表

合规审查评级	定 义	缺陷标准
B	产品存在不足之处,预计不会对消费者的权利或安全造成不利影响	1个或轻微的缺陷
C	一种或多种适应征或功效声称是不支持的、误导、有缺陷或不允许的,但消费者的安全预计不会受到不利影响	1个或1个以上严重缺陷(也可能有轻微缺陷);或 1个或1个以上的小缺陷,导致产品符合评级定义*
D	对消费者安全或公共卫生的潜在不利影响(可能是轻微的)	1项或1个以上重大缺陷(也可能有轻微和/或重大缺陷);或 1个或1个以上的轻微和/或严重缺陷,导致货物符合评级定义*
E	预期的负面影响——可能是严重的——对消费者安全、对公共健康的风险和/或监管要求,由于欺诈、虚假陈述或伪造数据而故意违反	1个或1个以上严重缺陷(也可能有轻微、严重或重大缺陷)*
不确定	由于主办方在收到信息请求后从注册登计数据库中取消了该药物,或该药物尚未生产,因此未对其进行审查	

* 在特殊情况下,当许多小缺陷的累积效应被认为引起了有效性或安全性问题,或许多重大缺陷的效应被认为引起了安全性问题时,由审查代表自行决定。

根据合规审查的等级,医疗产品管理局会对不合规产品采取监管行动,通常会有以下措施。

(1) 向厂商发出取消产品通知的建议。

通知会告知厂商产品相应的合规审查等级,就发现的不足之处向厂商提出建议,为厂商提供一个合理的机会来反驳医疗产品管理局的发现或用证据、正当理由来解决缺陷。其最终的结果可能是:厂商满意地解决了所有不符合要求的问题,药物仍在注册登记数据库中;厂商自己要求医疗产品管理局从注册登记数据库中取消该产品;如果厂商不能令人满意地解决所有的不合规问题,医疗产品管理局可以从注册登记数据库中取消该产品。

（2）医疗产品管理局从注册登记数据库中直接取消该产品。

当存在以下法定情形，医疗产品管理局可从注册登记数据库中直接取消该产品：

①死亡、严重疾病或严重受伤的危险迫在眉睫。

②产品"不符合上市资格"，例如，它包含的成分是不允许上市的。

③该产品在澳大利亚的制造并不是由持有制造许可证的人进行的。

④该药含有《1901年海关法案》禁止进口的物质。

⑤厂商未能在医疗产品管理局提出提供资料要求后20个工作日内提供所需资料。

如果产品在注册登记数据库中被取消，它就不能再在澳大利亚进口、出口、生产或销售。

（3）发出产品召回的命令。

产品召回是指将该产品从澳大利亚市场上撤下。凡因不遵守规定而危及公众安全的任何已分发的货物，均须回收。❶

此外，医疗产品管理局的制造质量部门会对生产商进行持续的检查，确保其符合良好的生产质量规范。医疗产品管理局还有一个强大的药物警戒项目可以评估补充药品的不良反应。其不良反应事件信息来源于消费者、卫生专业人员、制药业、国际药品监管机构或医疗产品管理局咨询委员会的医学专家。❷

7.5.2 进行功能声称的食品

2013年，为了规范市场上的食品声称，澳大利亚新西兰食品标

---

❶ Listed medicine compliance reviews [EB/OL]. (2019 – 11 – 27) [2019 – 12 – 30]. https://www.tga.gov.au/listed – medicine – compliance – reviews.

❷ An overview of the regulation of complementary medicines in Australia [EB/OL]. (2013 – 05 – 25) [2019 – 12 – 30]. https://www.tga.gov.au/overview – regulation – complementary – medicines – australia.

准局颁布了《澳大利亚新西兰食品标准规范 1.2.7——营养、健康及有关声称》(*Food Standard Code 1.2.7—Nutrition*, *Health and Related Claims*，以下简称《澳新标准 1.2.7》)，规定食品可以进行营养含量声称和健康声称。

营养含量声称是指：①存在或不存在下列物质的声称：生物活性物质、膳食纤维、能量、矿物质、钾、蛋白质、碳水化合物、脂肪、任何一种蛋白质碳水化合物或脂肪的成分、盐、钠、维生素；②关于血糖指数或血糖负荷的声称；③不涉及含不含酒精的声称；④不是健康声称的声称。❶

健康声称是指陈述、显示或暗示某种食物或食物的某种属性对健康有或可能有影响的声称。❷ 健康声称又分为高水平健康声称❸和一般水平健康声称❹高水平健康声称需要经过澳大利亚新西兰食品标准局的审查与批准，而一般水平的健康声称企业只需通知澳大利亚新西兰食品标准局，提供一份已按食品标准附表 6 的要求对食品—健康的关系进行了系统自查的证明即可。澳大利亚新西兰食品标准局不做实质审查，但会对外公布这份通知并实时进行更新，企业也可随时撤销。

澳大利亚对健康声称的管理与使用立足于食品与健康关系的综合关系，基于对食品整体营养状况的全面考量，以避免片面、错误地使用声称，从而误导消费。《澳新标准 1.2.7》规定，使用健康声称的限制性条件必须符合营养素度量法评分标准要求，即某个食品只有在满足此评分标准的基础上，同时符合健康声称的条件，才允许使用健康声称。食物营养素度量法是根据食物营养成分组成及含量对其进行评价与分类的方法，是食物营养评价的重要指标。美国、

---

❶ Standard 1.2.7 Nutrition, health and related claims [EB/OL]. (2019 - 01 - 20) [2019 - 12 - 30]. https：//www.legislation.gov.au/Details/F2018C00942.

❷ 同❶.

❸ 是指涉及严重疾病或严重疾病的生物标记的健康声称。资料来源同❶.

❹ 是指关于食物中的营养或物质，或食物本身，对健康的影响的声称，它不能涉及严重疾病或严重疾病的生物标记，除非得到授权。

加拿大、欧盟在健康声称管理中均使用了该评价模型。澳大利亚借鉴了相关国家的经验，制定了评分标准模型。[1] 根据这些要求，澳大利亚新西兰食品标准局已审批和公布了一批健康声称。

在澳大利亚，负责执行食品标准的是各州和领地的相关机构，对于使用已列入健康声称名单的健康声称，各地对企业的要求不一，有的地方实行备案制，要求产品上市前通知监管机构，有的地方没有要求，只对产品进行上市后合规检查。

7.6 启示

综观发达国家对保健食品的定位，可以总结出一些值得我们借鉴的规律或经验。

7.6.1 产品跨度广与功能分类化

这些发达国家都想通过建立一种保健食品的典型类型来实现对保健食品监管的标准化，但始终难以涵盖所有具有保健功能的产品类型。从每个国家的典型类型来看，其称呼亦不同，定位亦有差异，包含了食品与药品的多种类型。可见，这类产品本身类型就比较多元，兼具食品与药品的特性，既有普通的营养功能，也有特殊的调节机能功能、药品的治疗功能。用一种产品类型囊括所有的保健食品类型可能是难以完成的任务，这也说明了从食品和药品的全谱系进行功能声称分类的必要性。从这些发达国家看，虽然这些国家的保健食品跨度大、范围广，但其制度赖以成型的基础在于制定详细的功能声称制度，在食品与药品的大视野下划分不同的声称类型，界定每一种功能声称的定义，为监管打下基础。我国缺乏相应的制度设置，只是笼统地说保健功能，其定义与药品的功能界限模糊，可操作性不强。卫生部制定的食品标签只涉及了营养含量声称，对

---

[1] 赵洪静，等. 澳大利亚营养、健康声称和管理对我国相关工作的启示 [J]. 中国食品工业杂志，2015（4）.

于现代的健康声称考量不够,法律效力等级还不高,保健食品的监管工作有待进一步夯实科学基础。

7.6.2 健康功能评价的科学基础应反映和包容不同的哲学取向

发达国家的"保健食品"理论基础既有现代医学和营养学,也有传统医学、地区或民族特色的理论。它反映了不同的哲学和价值取向,有时可能存在逻辑上的冲突,因而以此为基础的产品需要不同的评价方式和监管制度设计。这在澳大利亚、加拿大等国的制度设计上体现明显,对科学依据的审查具有并行的制度设计。欧盟当前在植物产品的健康声称上遇到的问题也正反映了制度包容的重要性。在我国,一方面,强调我们的保健食品概念不同于西方,认为除了有与国外相同的营养功能食品,还有很大一部分是以中医理论为基础开发的产品;另一方面,试图用统一的制度设计来规制这些产品,特别是在功效评价制度设计上,存在理论基础的冲突。当前,我国正在推进保健食品监管制度改革,新的《保健食品原料目录与保健食品功能目录管理办法》还没有明确传统使用证据能不能作为我国传统保健类产品的评价标准,传统保健类产品能不能像营养补充剂那样按照"原料—用量范围—功能"对应的关系纳入名单、涉不涉及知识产权等都需要进一步讨论。

7.6.3 产品可及性与安全性的平衡

在西方消费者运动中,消费者的安全权、知情权、选择权被认为是最重要的权利,对这几项权利的认识变化导致西方监管理念的变化。在消费者运动激进发展的时代,对消费者安全权的过分注重导致对食品药品领域的过度监管。一些学者认为这导致了一定副作用,使消费者放纵自己的"弱而愚"。他们认为,消费者、生产者与经营者的地位是平等的,在市场中,买卖双方的地位本就具有一定的博弈性,若消费者不在意自己的消费行为或不思考消费,则可能对消费关系和消费本身形成一种戕害。因此,若通过行政、法律等方式加以干预,就应注意程度与界限。他们认为,应以寻找消费者自身自觉性的提高为一个关键的中间步骤,从而获得更广泛的社会进步或社会改良。❶ 20世纪六七十年代以来的西方监管放松运动与此认识有关，西方各国在保障消费者知情权的基础上更加注重满足消费者的选择权，"保健食品"基本上都实行了备案制上市，美国、日本等国还在确保披露信息充分的情况下（如制定严格的表达格式），允许"限制性功能声称"产品上市。

从我国来看，保健食品监管准入门槛较高，实施多年的注册制使得上市产品种类较少，总数过少，至今只有1.6万个审批的合法产品（且功效类别在有限的27种清单之内）。在发达国家，即使是准入门槛最高的加拿大，截至2010年12月31日，许可了4.3万多个自然健康产品（还不算其他进行健康声称的食品）。❷ 从保健食品的产品特性来看，这一行业产品类型十分宽泛，市场需求差异性非常大，高、中、低的市场需求广泛存在。

7.6.4 上市后监管的重要性

综观发达国家对保健食品的监管，都十分重视上市后合规监管执法，多数中央监管机构都直接开展执法活动，建立了完善的执法风险分级制度。同时，多数国家建立了强制性的不良反应报告系统，并将其作为产品功效评价与动态调整的机制，与监管措施进行联动。我国多年来监管重心在上市前的审批，近年来在向双轨制转型，由于和机构改革同时进行，对上市后监管的考量还比较少。在地方层面上，"放管服"带来了更大的执法压力，加上机构改革与监管人员变动等因素，都影响到了上市后监管的效率。

客观地讲，发达国家的制度、监督也存在很多不足、弊端。基于本书的研究目的，此部分未展开分析。

---

❶ 姚佳. 中国消费者法理论再认识——以消费者运动与私法基础为观察重点 [J]. 政治与法律, 2019 (4).

❷ Natural health products – Over 43 000 products authorized for sale and growing [EB/OL]. (2011-01-26) [2019-08-13]. https：//www.canada.ca/en/health-canada/services/drugs-health-products/natural-non-prescription/regulation/43-000-products-authorized-sale-growing.html.

第8章 保健食品定位研究

保健食品是介于食品和药品之间的一类比较特殊的产品形态，兼具二者特性。我国对这类产品的定位曾多次变化，在正式文件曾出现过"特殊营养食品""药膳""中药保健药品""特殊膳食用食品""保健食品"等，这些用语的同时存在造成了监管混乱和消费者认识的错乱。2015年新修订的《食品安全法》将保健食品与特殊医学用途食品和婴幼儿配方食品纳入特殊食品范围进行监管，但保健食品自身定位以及与特殊膳食用食品等相关概念的区别与联系等问题仍未有效解决，给监管工作造成一定困扰。原国家市场监管总局局长张茅曾对媒体表示，保健食品虽然不是药品，但中国食药同源，保健食品应该如何界定需进一步研究。[1]

8.1 保健食品定位的历史分析

制度主义理论认为，监管作为一种政治行为，是在特定制度环境下进行的，制度塑造了政治，而制度来源于历史。当前保健食品的制度定位与其制度历史发展存在重要联系，考察与监管相关的制度历史可以更好地理解当前的制度设置。制度定位是和改革开放、产业发展、医学与营养学等一系列变化因素交织在一起的，根据定位变化，可以划分为以下几个阶段。

---

[1] 张茅. 保健食品应该如何界定需进一步研究 [EB/OL]. (2019–03–07) [2019–10–20]. http://www.sohu.com/a/299788383_648150.

8.1.1 相关产品从食品药品分化中衍生阶段（改革开放初—1994 年）

改革开放初期，受计划经济影响，具有特殊功能的食药产品还未出现。在监管制度设置方面，虽然药品还未有正式定义，但食品与药品区别较为明显。1978 年国务院发布的《药政管理条例》（国发〔1978〕154 号）将药品定位为"防病治病的武器"，1979 年国务院颁布的《食品卫生管理条例》中将食品定义为"已经过加工和能够直接食用的各种食物和饮料、豆制品、调味品、瓜果、茶叶等"。

到 20 世纪 80 年代初期，随着经济发展和人们生活水平提升，市场上出现了很多声称具有一定功能的食药产品。政府也开始注意到在食品和药品之间存在一些中间产品，并试图通过修订制度将其纳入监管。1982 年通过的第一部食品法——《食品卫生法（试行）》将食品定义为"各种供人食用或者饮用的成品和原料以及按照传统既是食品又是药品的物品，但是不包括以治疗为目的的物品"，并提出"利用新资源生产的食品、食品添加剂的新品种""按照传统既是食品又是药品的物品"等说法。1984 年通过的第一部药品法——《药品管理法》将药品定义为"药品，是指用于预防、治疗、诊断人的疾病，有目的地调节人的生理机能并规定有适应证或者功能主治、用法和用量的物质，包括中药材、中药饮片、中成药、化学原料药及其制剂、抗生素、生化药品、放射性药品、血清、疫苗、血液制品和诊断药品等"，并指出"国家发展现代药和传统药，充分发挥其在预防、医疗和保健中的作用"。随后卫生部于 1987 年出台了《食品新资源卫生管理办法》《禁止食品加药卫生管理办法》和《中药保健药品的管理规定》，正式提出了一种新的食品类型和三种介于食品与药品之间的物品：新资源食品、特殊营养食品、药膳和中药保健药品。新资源食品定位于"用食品新资源生产的食品（包括新资源食品原料及成品）"，而食品新资源系指"在我国新研制、新发现、新引进的无食用习惯或仅在个别地区有食用习惯的，符合食品基本要求的物品";特殊营养食品定位为"通过改变食品中天然营养素的成分含量比例或控制热量以适应某些疾病人群营养需要的食品";药膳定位为"为辅助治疗某些疾病,根据辨证施治的原则加入中药配制而成的非定型包装菜肴";中药保健药品定位为"对人体有一定程度的滋补营养、保健康复作用,长期服用对人体无害的药品"。另外,还肯定了一些传统加药食品的地位,包括"定型包装型""非定型包装"两种类型,其范围分别是"在食品卫生法生效以前,传统上把药物作为添加成分加入,不宣传疗效并有三十年以上连续生产历史的定型包装食品品种"和"在食品卫生法生效以前,按照习惯把药物作为添加成分加入食品中配制的非定型包装食品,且已沿用三十年以上的",并指定由不同层级的政府予以审批监管。该管理办法还以附件形式列出了既是食品又是药品的物品名单,这样实际形成了多品种并行的监管格局(见表8.1)。

表8.1 1987年形成的保健食品雏形及其定位

食品形态		中间形态				药品形态	
传统食品	新资源食品	传统加药食品	特殊营养食品	药膳	中药保健药品	中药品	西药品

由上述五部法规形成的监管格局基本囊括当时市场上存在的产品类型,根据上述不同产品类型,监管尺度和准入门槛是不一样的,由低到高依次为传统食品(无须审批),药膳(当地审批),非定型包装传统加药食品(县级以上审批),定型包装传统加药食品(省级审批、卫生部备案),中药保健药品(省级审批、卫生部备案)和新资源食品(卫生部审批)。但实际上,由于发展经济的需要,实际门槛是比较低的,特别是由地方审批的产品,其产品技术要求更低。由于市场准入门槛较低,开始涌现大量产品,声称的功能五花八门,质量参差不齐,虚假夸大宣传现象严重。消费者由于相关知识的匮乏,消费行为更多依赖产品的宣传定位,难以选择适合自己真正需要的产品,同时,也给不同级别的监管部门带来困扰。

8.1.2 保健食品与保健药品并行阶段（1995—2003 年）

在宽松的监管环境下，行业经历了一个快速发展的阶段，"太阳神""中华鳖精"等产品风靡全国，同时由粗放发展造成的问题引发人们要求对其加强监管的呼声。终于，在 1995 年修订《食品卫生法（试行）》时，政府开始重新调整监管思路和定位。正式通过的《食品卫生法》提出了"表明具有特定保健功能的食品"，首次明确了保健食品的法律地位。1996 年，为落实《食品卫生法》，卫生部出台的《保健食品管理办法》中明确了保健食品的定义，即"表明具有特定保健功能的食品。即适宜于特定人群食用，具有调节机体功能，不以治疗疾病为目的的食品"，开始实施注册许可，并建立了一套保健食品原料、功能评价、标识管理等制度。由于之前由地方审批的"健字"号中药保健药品达 4625 个❶，造成了保健食品与中药保健药品同时存在的局面（见表 8.2）。

表 8.2　1995 年形成的保健食品定位

食品形态		中间形态		药品形态	
传统食品	新资源食品	保健食品	中药保健药品	中药品	西药品

根据保健食品与中药保健药品的定义，虽然一个属于食品，一个属于药品，但实际一般人很少能够区分清楚。从文字上来讲，两者都有保护健康的功能与作用；从法定定义来看，保健功能所特有的保健功能在官方定义中为"调节机体功能"。《药品管理法》中对药品的定义中也有同样表述，中药保健药品当然也有。保健食品强调的是不以治疗疾病为目的，中药保健药品法定定义并未有明确表示，二者唯一的区别就是能否宣称疗效。所以，二者监管定位重合度相当高，消费者无法分辨，同时也给监管带来诸多麻烦。但整体来看，随着我国营养食品科学及其产业的不断发展，法律制定者对食药中间形态产品已经产生了向食品倾斜的态度。

---

❶ 陆敏. 新修订的《药品管理法》实施一周内展望［J］. 中国药品标准，2002（6）.

8.1.3 纳入食品注册管理阶段（2004—2014年）

上述对保健食品及其相关产品的监管都是由卫生部进行的，1998年机构改革成立了直属于国务院的国家药品监管局。国家药品监管局认为，中药保健药品存在审批标准不一致、夸大功效等多种问题，与保健食品定位存在重叠，于2000年3月下发了《关于开展中药保健药品整顿工作的通知》，要求各地取消中药保健药品，将其转入保健食品或药品管理，要求2004年前完成对"健字"号的整顿。2003年机构改革成立了食品药品监督管理局，保健食品注册审批职能由卫生部划转给食品药品监管局。2004年5月，卫生部公布了《预包装特殊膳食用食品标签通则》（GB 13432—2004），取代1992年的《特殊营养食品标签》（GB 13432—1992）。修订后的标准将之前"特殊营养食品"修改为"特殊膳食用食品"，并将其界定为"为满足某些特殊人群的生理需要，或某些疾病患者的营养需要，按特殊配方而专门加工的食品"。它们可以进行营养素含量声称和营养素作用声称，后者如"钙是构成骨骼和牙齿的主要成分，并维持骨骼密度""叶酸有助于胎儿正常发育"等，但不能进行疾病预防、治疗功能声称，不得暗示疗效、保健功能。在这样的制度设置下，除了一部分中药保健药品划为药品管理外，介于食品与药品之间的中间形态产品大多被划在食品范围内进行监管（见表8.3）。

表8.3 2004年形成的保健食品定位

食品形态		中间形态		药品形态	
传统食品	新资源食品	保健食品	特殊膳食用食品	中药品	西药品

通过将具有功效的相关产品相对集中地纳入食品管理，制定严格的注册管理制度，保健食品行业的规范性得以提升，但仍存在问题：一是虽然保健食品的法律内涵相对清晰，但外延却十分广泛。为了给产业界一个清晰的外延，卫生部对其原料和功能实行清单式管理。但由于原料和功能名单范围狭窄，远远不能满足市场需求，

导致大量以普通食品宣称功能的情况，相关产品的功能宣称也远远超出官方所允许的范围。二是卫生部特殊膳食用食品的外延不清，产品与保健食品混淆不清，如一些运动型功能食品。三是由于法律法规对保健食品保健功能与药品的主治功能界定不清，许多保健食品存在暗示或者误导性宣传。

8.1.4 作为特殊食品双规制管理（2015年至今）

划入食品管理以来，保健食品行业伴随我国经济持续高速增长而快速发展，同时，保健食品与普通食品、药品、特殊膳食用食品纠缠在一起，监管压力增大。政府倾向于加大监管力度。2015年修订的《食品安全法》，一方面做出"国家对保健食品、特殊医学用途配方食品和婴幼儿配方食品等特殊食品实行严格监督管理"的原则性规定；另一方面规定对保健食品实行注册与备案双轨制分类管理。随后，国家食品药品监督管理总局下发了《保健食品注册与备案管理办法》等一系列文件，开始推行双轨制改革。另外，卫计委2013年对《预包装特殊膳食用食品标签通则》（GB 13432—2004）进行了修订，"特殊膳食用食品"定义修改为："为满足特殊的身体或生理状况和（或）满足疾病、紊乱等状态下的特殊膳食需求，专门加工或配方的食品，这类食品的营养素和（或）营养成分的含量与可类比的普通食品有显著不同"；同时，在附录里明确特殊膳食用食品的类别包括婴幼儿配方食品、婴幼儿辅助食品、特殊医学用途配方食品以及其他特殊膳食用食品（包括辅食营养补充品、运动营养食品，以及其他具有相应国家标准的特殊膳食用食品）。其与保健食品的界限进一步明晰。应该指出，卫计委继续沿用特殊膳食用食品的法律效力是存疑的。2009年制定的《食品安全法》已经取消了前版《食品卫生法》关于"药膳""特殊营养食品"等方面的表述，而"特殊膳食用食品"是由"特殊营养食品"修订继承而来，而且是通过以标签标准的形式规定的。因为2003年食品注册监管权转移给国家食品药品监管局后，卫计委只剩下标准制定权，其通过标签标准设定的"特殊膳食用食品"在国家食品药品监管局日常监管中并未得到有效执行，这部分产品实际处于监管灰色地带。2015年修订的《食品安全法》提出将保健食品、婴幼儿配方食品和特殊医学用途食品作为特殊食品对待，也未明确特殊食品的内涵和外延。其中，婴幼儿配方食品和特殊医学用途食品是卫计委明确表述过属于特殊膳食用食品范围的。而按照婴幼儿辅助食品和其他特殊膳食用食品的法律地位是不够明确的，甚至特殊膳食用食品的法律定位也是模糊的，这也给监管带来混乱。本书倾向于将新《食品安全法》关于具体特殊食品类别理解为个别举例的方式。因为诸如转基因食品等按一般理解都应纳入特殊食品范围，这样就可以确认卫计委特殊膳食用食品的合法地位（见表8.4），但其法律地位以及是否沿用"特殊营养食品"概念时期的监管制度都亟须得到直接监管部门的确认。

表8.4　2015年形成的食药类别定位

食品形态		中间形态					药品形态	
传统食品	新资源食品	特殊食品					中药品	西药品
		特殊膳食用食品				保健食品		
		婴幼儿配方食品	婴幼儿辅助食品	特殊医学用途食品	其他特殊膳食用食品			

纵观保健食品监管历史，其制度定位经历数次变化，与普通食品、药品及其他相关产品的界限也在变动。这一方面是由于监管机构、学界、产业界对其认识不一，对其认知也处于不断变化之中；另一方面也和食品药品监管法律法规变化、机构改革及事权划分密切相关。

8.2　保健食品定位的哲学基础

保健食品的发展既受到我国传统中医及食疗文化影响，也受到现代医学和现代营养学的影响。

8.2.1 中医和药膳理论

传统中医认为,人体是一个系统的有机体,人体的各个器官之间存在相生相克的关系,而食物具有性味归经的特性,可在中医的指导下用于预防和治疗疾病,即所谓食疗。孙思邈在《千金要方》"食治"篇中指出:"夫为医者,当须先洞晓病源,知其所犯,以食治之,食疗不愈,然后命药。"金代《寿亲养老书》认为:"水陆之物为饮食者不下千百品,其五气五味冷热补泻之性,亦皆属于阴阳五行,与药无殊。人若知其食性,调而用之,则倍胜于药。"食疗的基础是食物的性味归经。食物具有四性,即温、凉、寒、热。寒凉食物对热性病症有益,有清热、去火等作用,而温热食物对虚寒病症有益,有补阳、散寒等功效。食物和药物一样还具有辛、甘、酸、苦、咸五味,分别具有散、补、收、降、软的作用,如姜、葱等辛味食物具有宣散行气通血脉的作用,可以促进血液循环。食物的归经指的是食物功效的作用范围,不同性味的食物在人体中的作用有一定范围,如梨、香蕉、柿子、桑葚、芹菜、莲心、猕猴桃均为寒凉食物,具有清热之功效,但梨、柿子偏清肺热,香蕉偏清大肠热,桑葚偏清肝虚之热,芹菜偏清肝火,莲心偏清心热,猕猴桃偏清肾虚热。❶ 食疗须在中医理论的指导下进行,"虚则补之""实则泄之""寒则热之""热则寒之",体现了阴阳平衡的思想。

除了上述食疗需要结合病症进行外,中医还认为,食疗还应根据病人的个体特征、时节、地理等因素综合考虑实施。元代忽思慧在《饮膳正要》中提出:"春气温,宜多食麦以凉之,夏气热,宜食菽以寒之,秋气燥,宜食麻以润之,冬气寒,宜食黍,以热性治其寒。"

8.2.2 现代医学和营养学

现代医学认为,人体状况分为健康、亚健康、亚疾病和疾病状

---

❶ 刘长喜. 我国保健食品的理论和实践研究 [D]. 北京:中国中医科学院,2003:141.

态，这几种状态处于动态变化当中，如果人的某些功能受损或者生理指标发生变化，那么健康状态可能转化为亚健康状态，而亚健康状态转变为疾病的风险较大——如果不能及时改善，就可能进入亚疾病，甚至疾病状态。据不完全统计，全世界健康人群仅占15%，疾病人群也占15%，亚健康人群占70%，而在这70%的人群中，又有70%处于亚疾病状态，即处于亚健康与疾病之间，也称"临床前期"。[1]

现代营养学起源于西方，以生理学、生物化学、食品学等学科为基础，主要采用现代实验科学的方式，对食物的成分和作用机理进行分析，发现食品中存在水、蛋白质、脂肪、维生素、微量元素和粗纤维素等营养素。人体生命是一个化学过程，这些营养素具有不同功效，是人体维持生命活动的必要条件，需要维持营养平衡才能保持健康。人类对营养素的生理作用的认识经历了由整体机体水平向器官、组织、亚细胞结构及分子这样一个逐渐深入的过程。不同营养学家从不同角度提出了许多理论，如美国著名营养学家阿德勒·戴维斯（Adelle Davis）提出相对营养过剩理论：在工业化时代，人体摄入了过多的碳水化合物、蛋白质和脂肪等营养物质，但由于产品精加工等因素，人们摄入的微量元素却比之前更少，从而出现了一些非工业化时代不常见的疾病如癌症、心脏病、脑卒中、糖尿病和老年痴呆症等，看似全民营养过剩，但实际上是绝对营养不良。一些分子营养学家研究营养素与人类基因之间的相互作用，从而提出个体化的营养干预方案。

8.2.3 二者的统一与矛盾

以上作为中国保健食品理论来源的两种理论，既有协调的一面，也有相互矛盾的一面。协调的一面主要表现在：都认为某些食物含有特殊的功效，只是中医所说的食物为自然的食物个体，而西方理

---

[1] 刘长喜. 我国保健食品的理论和实践研究［D］. 北京：中国中医科学院，2003：106.

论则认为是食物中的某种成分发挥了作用,即功效成分发挥作用;二者也都认为营养均衡对保持健康非常重要,《神农本草》和《黄帝内经》都有"五谷为养、五畜为益、五果为助、五菜为充"的说法,指出膳食要荤素搭配、果蔬相参,与现代营养均衡实质是一致的。❶

两者的矛盾之处主要表现在:一是哲学基础不同。西医是一种微观世界观,在原子化的世界找寻健康的答案,而中医是一种宏观的世界观,用辩证、整体的眼光来看待食物与健康的关系,中医药膳学中的"药食同源""以脏补脏"理论从西方医学的角度难以系统论证。❷ 二是中医是一种经验科学,对于食物功效的认知靠的是经验的积累,有的缺乏微观、可以量化的实验证据,而西医是一种实证科学,力图通过理想化的科学实验来验证食物的功效。

中西方两种理论的矛盾给保健食品的监管制度设计带来了一些挑战,主要表现在保健功效评价的标准方面。我国保健食品从20世纪90年代推行注册制以来,功效评价的基本原则一直是以西方的实证科学为指导,采取动物实验、人体试食和科学文献的综合评价模式。在这种评价模式下,以传统药膳理论为基础的产品的评价效果往往不尽如人意。特别是一些组方,其相互作用的机理不明,无法进行验证。这种以一种哲学思维下的标准评价不同哲学思维下的产品的做法不仅在我国遇到挑战,在国外也遭受挫折:欧洲食品安全局在根据"普遍接受的科学证据"原则对功能食品评价时,关于植物的声称都失败了。随后欧盟委员会认识到药品法和食品法对待植物的区别(药品法允许对草药提供30年以上传统使用证据即可),并在2010年停止了对植物性药物的评估并开始反思。❸ 2012年,欧

---

❶ 彭云,等. 温振英论小儿营养食品与中医辨证理论 [C] //第28次全国中医儿科学术大会暨2011年名老中医治疗(儿科)疑难病临床经验高级专修班论文汇编,2011:682-683.

❷ 夏新斌,等. 中医药膳食品认证管理现状探讨 [J]. 食品与机械,2018(8).

❸ ROBERT A, et al. The substantiation of claims for botanical food supplements in relation to traditional use [J]. Aerospace & electronic systems IEEE transactions, 2013, 7 (4).

盟发布了一个讨论文件提出两种思路征求意见：其一，继续按该证据标准进行评估，这意味着这些被搁置的植物声称大多数将会面临负面评价；其二，认识到植物声称与其他物质的不同特性，改变现有的监管框架以纳入对植物声称传统使用的标准。由于意见不一，2013年和2014年，欧盟食品和兽医办公室开展了一系列调查，2015年完成了一份概述报告。❶ 报告强调，各成员国对待植物和植物制剂的规制各异，由于成员国和欧盟判例法的不同解释，同一种产品在一个成员国被当作药品，而在另一个成员国却被当作食品。报告同时强调，鉴于此类产品在互联网上的销售增长，现有规则的执行存在困难，对植物产品的功能声称标准需要进一步分析。当前，欧盟对植物产品的功能声称审查实际处于停滞状态。

国外对保健食品的功能评价也有持开放态度的例子。如在加拿大，负责天然健康产品功能评价与审批的自然和非处方健康产品理事会在尊重选择自由及哲学和文化多样性的前提下开展相关功能评价工作❷，分别制定了《现代健康声称的天然健康产品许可办法》和《传统药物使用的天然健康产品许可办法》。前者针对根据现代营养学的理论所生产的产品，依据现代实证科学进行功能评价；后者针对根据传统理论所选择的产品，其评价会充分考虑传统使用和传统文献的证据。同样的例子是澳大利亚，其补充医疗产品的理论基础来源更为多元，既包括西方现代营养学、顺势疗法理论，也有中国、印度的传统医学理论，还有古埃及传播到欧洲的芳香疗法。其对传统产品的功效评价也主要依据传统使用证明，可以是书面的，也可以是口头的。

当前，作为保健食品功效评价主要依据的《保健食品检验与评

---

❶ Overview report on a series of fact finding missions carried out in member states in 2013 and 2014 in order to gather information regarding the controls on food supplements [EB/OL]. (2018-10-11) [2019-12-11]. http://ec.europa.eu/food/fvo/overview_reports/details.cfm?rep_id=80.

❷ Natural health product regulations: perceptions and impact [J]. Trends in food science & technology, 2008 (19).

价技术规范（2003）》已于 2018 年被卫健委宣布失效，新的评价方法仍在制定之中。笔者以为，新的评价标准应更加符合我国国情和传统，不然就有可能使很多符合我国消费者需求的产品因为在评价标准上不适应而被挡在了市场门槛之外。

此外，哲学基础的不同对功能表达也有不同要求，当前保健功能的表达主要以西方理论为基础，一些以我国中医理论为依据的产品在规定的声称表述上表现出一定的不适性，需要加以针对性地改善。

8.3 保健食品定位的属性分析

保健食品是介于食品与药品中间的一类物品（见图 8.1），其越靠近药品，调节人体功能的效果就越明显，但毒性及可能的不良反应风险就越高；越靠近食品，其安全性越高，但其功效就越不明显。保健食品在食品与药品之间的分布呈离散状态，与食品和药品之间并没有明显的界限。

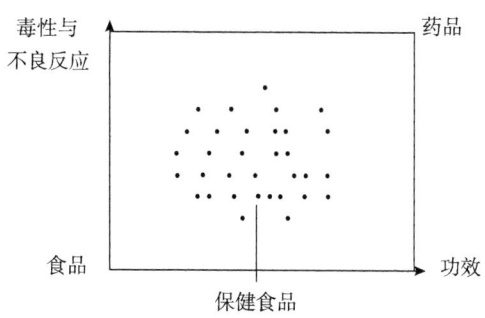

图 8.1　保健食品属性

由于离散分布的属性，中间产品的界定就主要依靠人为的划定，其典型产品有的国家划作食品的子类，如欧、美等，而有的国家划作药品的子类，如澳、加等国。我国制定《药食同源物品目录》本身就表明监管机构承认这些食品实际上具有药品功效，但为了管理的需要,只能从预期用途上进行划分。鉴于此,实际保健食品的定位需要注意以下两个问题。

8.3.1 划分标准的设定及操作性问题

保健食品与食品和药品的界限没有绝对的标准,主要依据本国的市场发育程度、消费者素质、传统文化与消费习惯等综合确定。西方各国大都依据不同类型功能声称的标准进行划分,主要的声称类型有营养成分声称、其他功能声称或结构功能声称、降低疾病风险声称三类。[1] 各国对功能声称的证据要求也不同,如美国、日本等允许低证据水平的限定性健康声称。通过设定这些不同类型的功能声称,一方面增加了"保健食品"总体覆盖面,使其尽可能包容这些食药中间产品的多元属性;另一方面,增强了每种类型的功能声称评价与监管的可操作性。

我国既没有对保健功能进行界定,也没对保健功能进行分类管理;制定的可以申报的27种具体保健功能目录清单,每一种保健功能没有严格的定义,因而给虚假宣传留下空间。从我国保健食品与药品的定义来看,二者关键界定都是调节人体机能,其他"功能主治"词汇都是辅助性界定:在监管上有区别意义,但在认知上并无太大区别。究竟保健功能的调节人体机能与功能主治的调节人体机能区别在哪里,可能是程度上的,或是作用机理上的,但从定义上没反映出区别。而如果可以根据不同的标准将保健食品的保健功能划分为不同的类型,在区别上的可操作性就大为增加。如欧盟认为,降低疾病风险声称和预防疾病的区别在与疾病的直接或间接关系。在疾病预防中,预防措施与疾病的发生有着直接的因果关系,而降低疾病风险不是预防,因为降低风险的措施与疾病之间只有间接的

---

[1] SHIMIZU T. Health claims and scientific substantiation of functional foods – Japanese regulatory system and the international comparison [J]. European food and feed law review, 2011, 6 (3).

关系，降低风险的目标是疾病的风险因素，而不是疾病本身。❶ 也就是说，区别标准必须有严格的逻辑学意义，而不仅仅是字面不同。

8.3.2 安全与风险的关系问题

保健食品类产品无论划入食品子类，还是药品子类，这类产品客观上都有一定风险。发达国家在监管过程中无不注重产品的安全问题，除了在功效评价时考虑安全问题，还有不少国家（无论是对膳食补充剂实行备案制的美国，还是对自然健康产品实行许可制的加拿大）都将其纳入不良反应报告系统。收集的信息既可以用来风险预警，也可能用来对产品功效进行动态评价。然而，安全与功效毕竟是一对矛盾体，高的功效常常意味着更大的风险，确保安全可能要牺牲一定的功效。我国保健食品在定义中即界定了这类产品必然是安全的（对人体健康不造成任何急性、亚急性或者慢性危害的界定与《食品安全法》对食品安全的界定一样），这就造成我们逻辑上不能再把保健食品纳入不良反应报告系统。同时，还造成这类产品的安全标准过高，一些产品为了达到安全标准不得不牺牲一定功效，造成实际效用与消费者期望的较大落差。

---

❶ BAST A, et al. Scientism, legalism and precaution – Contending with regulating nutrition and health claims in Europe [J]. European food and feed law review, 2013, 8 (6).

第 9 章 保健食品上市后监管问题分析

9.1 保健食品监管的案例分析

2017年7月,国务院食品安全办、工业和信息化部、公安部、商务部、工商总局、质检总局、新闻出版广电总局、食品药品监管总局、国家互联网信息办公室联合发布《食品保健食品欺诈和虚假宣传整治方案》,在全国范围内开展专项整治,破获和查处了一大批保健食品违法案件。截至2018年10月5日,全国共对保健食品违法行为立案2726件,货值16632.25万元,移送公安机关刑事立案228件,行政处罚5023.93万元。❶ 考虑到专项行动期间违法行为活动整体会有所收敛,日常违法行为可能会比上述数据更多。

笔者选取了2017年7月至2018年3月全国食品保健食品欺诈和虚假宣传整治活动中的违法案件统计信息❷,剔除与保健食品无关的案件,共得到违法行为案件492件。统计分析显示,保健食品市场主要违法问题有11种:无证生产经营、超范围经营、假冒伪劣、标签瑕疵、虚假宣传、非法宣传、非法添加药品、欺诈营销、经营瑕疵、保健食品原料生产普通食品、普通食品做功效宣传(见表9.1)。之所以将普通食品做功效宣传问题也纳入保健食品问题,是

---

❶ 由于在数据上报中,新疆和西藏自治区未将保健食品和食品区分,该数据不包含这两个地区。

❷ 2018年5月3日,国家市场监管总局在其官网进行公布,共计8000余件。

因为普通食品主管部门和保健食品主管部门无法厘清责任，在这方面存在分歧，这也是专项整治需要由普通食品部门和保健食品部门联合开展的原因。属于经营行为不合规的问题都可以划为上市后的问题，我国保健食品市场近七成是上市后的问题。

表9.1 保健食品市场主要违法问题

序号	案件类别	数量/件	比重/%	主要问题
1	无证生产经营	90	18.29	无保健食品生产许可证，无食品经营许可证
2	超范围经营	11	2.24	超出许可范围经营保健食品
3	假冒伪劣	53	10.77	检验不合格，以假充真，销售无批号产品，添加有毒有害物质等
4	标签瑕疵	46	9.35	无标签、无中文标签、标签说明书等与注册不一致，无"保健食品不能替代药品"字样，未标注适宜人群等
5	虚假宣传	36	7.32	广告、标签、说明书中含有夸大功效、明示或暗示预防或治疗疾病功效内容
6	非法宣传	98	19.92	没有保健食品广告批准证书或不按证书内容进行广告宣传
7	非法添加药品	10	2.03	保健食品中添加药物
8	欺诈营销	12	2.44	通过会议、讲座等形式利用保健食品从事欺骗性销售，或以保健食品冒充药品销售
9	经营瑕疵	27	5.49	不能提供进货台账、检验报告、购进票据，在许可的经营场所外销售保健食品
10	保健食品原料生产普通食品	6	1.22	用列入保健食品原料目录的原料生产食品
11	普通食品做功效宣传	103	20.93	普通食品的标签、说明书、广告等含有预防、治疗疾病内容

9.2 监管中的主要问题

9.2.1 监管体制的影响

2003年和2008年机构改革分别将保健食品的审批职能和监管职能从卫生部划出,此后,保健食品监管历经国家食品药品监督管理局、国家食品药品监督管理总局及目前的市场监督管理总局时代。在此期间,监管机构在保健食品方面的工作主要聚集于审评审批、注册备案、清理换证等上市前监管。由于各部门对保健食品监管职责,特别是非保健食品声称功能的监管职责分工存在分歧,《保健食品监督管理条例》始终没有出台,没有具体的监管办法,就无法对地方的监管执法进行明确而又详细的指导。保健食品问题成为近些年社会焦点问题,监管机构不得不靠开展专项整治进行治理。如2013年的保健食品打"四非"(非法生产、非法经营、非法添加和非法宣传)、2017年的食品保健食品欺诈和虚假宣传整治。但即使是上市前监管,也因为机构改革和上位法修订等因素,致使进展缓慢。2015年新《食品安全法》明确注册与备案双轨制改革以来,只公布了第一批维生素、矿物质原料目录和功能目录(可以备案的产品),作为功能评价与审批基础的《保健食品检验与评价技术规范》(2003年版),也被卫健委宣布失效。

与此同时,市场已发生了很大变化。2012年发改委批复同意海关总署在上海、重庆、杭州、宁波、郑州五个城市试点开展跨境贸易电子商务信息化、便利化监管服务。其跨境零售进口业务中多是按物品监管的方式征收行邮税,且品类准入的尺度放得较宽。这在一定程度上给了处于灰色地带的"海淘"市场一个合法进入国内的通道,随之引发投资热潮。❶ 跨境电商迅速兴起,一批以主要经营国外类似保健食品的电商迅速做大,其市场规模从2011年的34亿元

---

❶ 闫志刚,房军. 互联网保健食品监管研究[J]. 中国食物与营养,2018 (11).

增长到 2015 年的 250 亿元，复合年增长率高达 65%，2015 年的市场份额与第二大销售渠道药店的市场份额几乎等同。❶ 以至于一些国外保健食品对中国市场依赖度迅速增加，澳洲保健食品企业 Black Mores 2016 财年收入 7.17 亿澳元，对中国市场的依赖度达到 35%；SWISSE 2015 年在阿里平台实现收入 7.1 亿元，对中国市场的依赖度为 40%；Comvita 2016 财年收入 2.02 亿新元，对中国市场的依赖度达到 60%。❷ 这些产品多以普通食品的名义曲线进入国内市场，在出现问题或监管政策变动时就玩起文字游戏。如某进口保健食品品牌的鳕鱼甘油产品被爆涉嫌违规时就悄然从跨境电商下架，并对外宣传所售食品为美国进口的膳食补充剂，非保健食品。❸

2013 年国家机构改革，允许各地根据自己的情况实行与中央不同的改革模式。于是有的地方设立了独立的食品药品监管机构，有的地方推行了"三合一""四合一"甚至"多合一"的市场监管机构模式。2018 年中央明确大市场监管模式以来，不少地方又重新进行了改革，频繁的改革也给保健食品监管工作带来了一定不利影响。

9.2.2　地方保护主义问题

当前，保健食品的日常监管实行属地化监管制。市场监管机构同时扮演市场促进者和监管者的双重角色，也就是说，地方政府既要培育市场主体并激发积极性，又要监管其行为和产品，既做"保姆"又做"警察"。❹ 有的地方政府基于地方经济利益、就业等考虑，在食品监管方面不太严格。❺

以生产销售冬虫夏草产品的××公司为例，2009 年公司开始建

---

❶ 孙超. 消费升级下中国保健食品市场新增千亿规模，行业亟待洗牌和变革［EB/OL］.（2017-02-20）［2019-07-11］. http://www.jiemian.com/article/1122343.html.

❷ 徐亚静. 营养保健食品市场，谁是风口上的"猪"［N］. 中国医药报，2016-12-08（4）.

❸ 赵平，张荣旺. 自然之宝抢食中国市场涉嫌违规［N］. 中国经营报，2014-04-07（3）.

❹ 胡颖廉."中国式"市场监管：逻辑起点、理论观点和研究重点［J］. 中国行政管理，2019（5）.

❺ 刘亚平. 走向监管国家［M］. 北京：中央编译出版社，2011：48.

厂，2010年12月7日，原国家质检总局发布的质检食监函〔2010〕243号文中明确规定，严禁使用冬虫夏草作为食品原料生产普通食品。但是就在同一天，青海省食药监局发布了《青海省冬虫夏草中药饮片炮制规范》，××公司的产品又获得了中药饮片资质，而当时依此规范生产的只有这一家企业。2012年6月，国家食药总局下发《关于冬虫夏草中药饮片炮制规范有关问题的通知》，指出冬虫夏草粉碎压制成片不属于中药饮片炮制范畴，明确要求青海省对规范予以修正。同年8月，国家食品药品监督管理局还印发了《冬虫夏草用于保健食品试点工作方案》（国食药监保化〔2012〕225号），要求试点企业按照要求组织开展试点相关工作。青海××公司与同仁堂、康美药业、劲牌有限公司、江中药业5家企业被列入首批试点名单。但由于条件限制，××公司一直没有获得保健食品批准文号，仍按照中药饮片从事生产经营，其"极草"系列产品通过高强度广告投入成功打造成奢侈保健食品品牌。价格最高的至尊含片每盒高达29 888元，每克达1054元，比黄金还贵数倍，但其销售额却不断攀升，2012年销售额已达50亿元。

2013年，国家食药总局再度发文指出，冬虫夏草粉碎压制成片不属于中药饮片炮制范畴。直到2014年7月28日，青海省食药监局才对外发布撤销冬虫夏草中药饮片炮制规范的"54号文件"。值得玩味的是，在对外发布"54号文件"的10天前，即2014年7月18日，青海省食药监局单独向××公司下发"53号文件"——《青海省食品药品监督管理局关于冬虫夏草纯粉片相关事宜的通知》。通知指出，××公司的"冬虫夏草纯粉片是我省出产的冬虫夏草经加工制成的产品，作为我省综合开发利用优势资源的试点产品"。同年10月，××公司借壳上市，股价一度冲至50元顶峰，总市值超过300亿元。

2016年2月，国家食药监总局发布《总局关于冬虫夏草类产品的消费提示》，指出检验的冬虫夏草、冬虫夏草粉及纯粉片产品中，砷含量为4.4~9.9 mg/kg，而依据保健食品国家标准（GB 16740—2014），"总砷"限量值为1.0 mg/kg，"长期食用冬虫夏草、冬虫夏草粉及纯粉片等产品会造成砷过量摄入,并可能在人体内蓄积,存在较高风险"。当时作为试点企业之一的××公司在公告中称,各项试验结果均显示冬虫夏草纯粉片安全无毒,对国家局的检验结果提出质疑。一个月后,国家食药监总局网站发布《政府信息公开告知书》:"极草"作为"综合开发利用优势资源的试点产品"和"冬虫夏草用于保健食品试点工作"均已停止,××公司应立即停止相关产品的生产经营。

在该案例中,××公司作为青海的本地企业,创立之初就和本地政府具有千丝万缕的联系。在上市之前,青海省国有资产投资管理有限公司下属的子公司——××信用担保有限公司曾持有××公司68%的股权。这也解释了为什么当地政府全力支持其发展,在被国家质检总局撤销食品生产资质后,立刻获得中药饮片资质;在被国家食品药品监管总局责令不得纳入中药饮片后,立刻授予"青海省综合开发利用优势资源的试点产品"的资质。这是一种典型的地方保护行为,一方面破坏了公平竞争的市场环境,引致同行的不满。2013年7月25日,青海省14家虫草企业一度联名向青海省相关部门写信,要求"协调省食药监局为本省中小企业颁发'含直接服用饮片'的药品生产许可证",但这一要求并没有得到回复。❶ 这种行为,还破坏了国家的政令统一。青海食药监局在现有食品、药品、保健食品监管框架之外授予极草"青海省综合开发利用优势资源的试点产品"的身份,既超出了既有国家法律框架,也将国家局置于尴尬境地。❷ 从职能看,青海食药监局的职权范围是监督管理食品、药品、医疗器械、化妆品,并无创设和管理其他产品的权力。这种

---

❶ 陆一夫. 青海春天背后利益链:如何把一棵草变为软黄金 [EB/OL]. (2016-04-05) [2019-11-11]. http://money.sohu.com/20160405/n443310092.shtml.

❷ 洪广玉. 分明已退市,"极草骗局案"为何判王海赔12万?[EB/OL]. (2018-02-05) [2019-11-11]. http://k.sina.com.cn/article_6433272218_17f73f19a001005421.html.

做法超越其职权范围，没有法律依据。❶

9.3 监管模式方面的问题

9.3.1 运动式治理的不足

受传统管理模式以及保健食品监管部门职责模糊的影响，专项整治成为地方监管执法的常态。这种模式虽然在短时间内可以高效整合资源，集中处理保健食品违规违法经营问题，但也存在着一定不足。第一，专项行动使问题以个案的方式得到解决，却无法将个案的执法成效上升到更高层次的制度安排，进而指导其他类似问题的社会治理。第二，从行政文化的角度来看，专项行动孕育了一种"机会主义"的社会风气。一些市场主体在与监管机构"运动式治理"的重复博弈中建立了对监管行为的预期，可以投机取巧。第三，集中突击式的执法模式不仅无法弥合执法漏洞，还损害了执法的公信力。相较于未受到处罚的违法者，那些在专项行动中受到处罚的违法者内心可能更抵触执法，认为监管显失公正。❷ 第四，专项行动式执法对政府机构的正常的监管计划、长远的工作规划等造成一定影响，整治期间常常需要集中资源，有时不得不从别的部门抽调人员，对被抽调部门的工作必然产生影响。第五，从纵向不同层级监管机构的事权划分来看，执法职能以基层为主，而上级监管机构则以政策规划、执法指导、督导为主。日常工作中，上级监管机构倾向于通过安排专项行动向下级监管机构布置任务，而每个部门、每级监管机构安排的专项行动，到基层常常由同一支执法力量承担，过多的专项行动超出其负荷能力。

---

❶ 施晓娟. 青海食药监局谈"极草"身份：非食品非保健品非药品［EB/OL］.（2014 - 12 - 17）［2019 - 11 - 11］. http：//www.ce.cn/cysc/sp/info/201412/17/t20141217_4142685.shtml.

❷ 徐国冲，等. 中国式政府监管：特征、困境与走向［J］. 行政管理改革，2019(1).

以笔者调研的中部某市的区市场监管局为例，因为市场监管局在工商、食药、质检等局合并之后共设置了33个处室，每一项工作划分都很细，"保健食品都可能细分为粉剂由一个人管理、针剂由另一个人管理，液态再由一个人管理；今天你下发一个任务，我也不能闲着，那么也下发一个专项；都是基层最终执行，等于是三百多人给这两个人（区市场局保健食品科两名工作人员）布置工作"。据该市场局分管保健食品的副局长介绍，除了保健食品，单是食品生产方面有七个专项行动在同时进行，餐饮有四个，保健食品方面如"五进"（进社区、进乡村、进网络、进校园、进商超"专项科普宣传活动）之类的大概也有四五个。有的是市局转自省局的，有的是市局转自总局的，有的是市市场监管局自己布置的。他说："现在保健食品和普通食品都放在保健食品科了，同时负责大约十五六个专项行动，就这两个人来处理，此外这两个人还得负责各种设备、药品等，卖卫生纸的也得管。"

9.3.2　网络化带来的挑战

在互联网条件下，保健食品传统分段式的供应链已经完全打通，但各监管部门之间还是传统监管分工为主，各管一段，各管一地，未建立起有效的信息共享机制和协调治理机制。在跨境电商保健食品监管中，有权对跨境电商实施监管权的部门多达16个，各建数据库和监管系统。各职能部门间缺乏有效沟通，多头监管、重复管理、浪费执法资源的现象时有发生。❶ 在对互联网保健食品监管活动中，对于委托代理生产的、异地生产的产品，经常需要跨地区协查，确定保健食品生产厂家、产品的真伪，而协查流程复杂，来回公函往返常常需要大量时间，效率较低。此外，在一些违法案件查办过程中，一些信息数据都由互联网公司掌握，地方监管机构必须依靠互联网公司的协助，监管工作比较被动。

---

❶ 李弘，等. 我国跨境电子商务发展状况与监管对策研究［J］. 中国工商行政管理研究，2015（10）.

第10章 日本国民消费与食品健康素养教育经验

消费者受教育权是与知情权、选择权密切相关的权利。如果说消费者知情权是外在的、明显的权利，受教育权就是消费者的消费知识和信息储备的权利，是知情权的准备阶段。❶ 通过接受教育，消费者明了其基本权利和责任，掌握知识和技巧，才能理性地行使选择权。加强国民的理性消费与健康素养知识的教育，不仅对提升保健市场健康发展，甚至对消费市场良性发展和国民健康素质的提升都具有十分重要的意义。日本早已注意到这两方面教育的重要性，将其作为政府的重要议事日程不断推进，取得了一定成绩。

10.1 日本对国民的消费教育

"二战"后日本经济复苏并逐渐发展起来，大众消费兴起。随之而来的是大量消费问题的萌生与凸显——商品质量低下、标识错误、安全隐患、虚假宣传等，政府由此认识到消费者教育的重要性。从20世纪60年代起，日本政府开始着手推动消费者教育并采取了一系列措施。

10.1.1 消费者教育法制化

1965年12月，产业结构审议会消费政策部会在"关于适用消

---

❶ 王宏. 消费者知情权与消费者保护［J］. 山东师范大学学报（人文社科版），2010（5）.

者意向的政策和消费者教育应有的方式"中,着重强调了学校教育中消费者教育的重要性。随着消费问题的出现,维护消费者权利的具体法律法规相继制定出来。但是作为基本法的《消费者保护基本法》制定后,30 多年的时间里几乎没有修改过基本内容。毫无疑问,《消费者保护基本法》的部分内容已不符合时代发展的潮流和需要。国民生活审议会议消费政策部会开始对"21 世纪型消费者政策的应有状态"进行讨论,并决定修正该法案。2004 年 6 月 2 日,《消费者保护基本法》正式修正为《消费者基本法》。主要修正情况及意义有以下几点:(1)名称的变动:将"保护"二字去除。这意味着消费者的身份由被保护的客体转变为自我保护的主人,强调消费者的自立意识,旨在引导消费者树立"自立"的理念,进行自我判断和自我决策。(2)内容的变动:明确基本理念、消费者基本权利、努力义务。《消费者基本法》新增"第 2 条(基本理念),即"尊重消费者的权利"和"支援消费者的自立"的基本原则。明确规定消费者的 6 大基本权利:安全的确保、选择机会的确保、必要情报的提供、教育机会的确保、消费者被害的救济、消费者意见的反映;第 7 条规定"消费者自己必须努力掌握必要的知识,收集必要的情报且进行自主、合理的行动""消费者在消费生活中必须努力考虑环境保护及知识财产权等的恰当保护"。这"两个努力义务"❶理念、权利、义务的明确,意味着消费者应该是一个自立的权利义务主体,强调消费者在行使权利的同时,要注意增强社会责任感,学会监督和引导生产活动。坚持权利和义务相统一的原则实际上也是在为培养市民资质打基础。(3)机构的变动:二元性行政机构统一归在消费政策部会之下。消费政策部会负责制订消费者基本计划,同时推进消费者政策,并验证、评价、监视实施进程和状况。这意味着日本建立了统一的消费者行政机关,且该机关上升至内阁府,大大提高了消费者政策的推进力度。(4)新增经营者的责任义务:

---

❶ 吴克宇. 论日本消费者政策法的新发展[J]. 消费经济,2006(5).

①明确规定经营者应确保公正交易。②为消费者提供必要、明确且易懂的情报信息。③交易时充分考虑消费者的知识、经验及财产状况等。④既要提高产品及服务品质，又要充分考虑环保。⑤制定自己应当遵守的基准，以确保消费者的信赖等。这意味着经营者必须做一个更好的服务者，减少虚假信息的传递，使消费环境更加和谐透明。❶ 修正后的《消费者基本法》不仅从消费者权利视角对消费者权利进行维护，还从政府和经营者视角出发，通过规定其责任义务间接地维护消费者权利。

2012年12月，《消费者教育促进法》正式生效，旨在全面、综合推进消费者教育。根据该法制定的《促进消费教育基本政策》规定，国家政府和地方政府应提供机会，使任何人在任何地方都能在学校、家庭、社区和工作场所等各种环境中接受一生的消费教育。此外，日本政府还制定并通过《不当景品类及不当表示防止法》，规定禁止标签上的误导性陈述，消费者厅根据该法案努力确保适当的购物环境，加强对虚假宣传和夸大宣传的打击力度。消费者厅负责研究和分析消费者问题，以制定更好的消费者政策。例如，CAA每年对消费者生活进行一次基本调查，并从2013年开始估算消费者受到的损害。这些研究和分析的结果，连同政府的消费者政策进展，每年以《消费者事务白皮书》的形式发表。2018年修订了《消费者合同法》（Consumer Contract Act），消费者厅增加了一些可撤销的、不公平的关怀行为和可撤销的、不公平的合同条款。

10.1.2 教育方式

10.1.2.1 政府引导

政府通过深入分析消费者问题，构建消费者教育的整体架构。有关机构在与消费相关的各个方面制定消费者政策和法律以统筹推进消费者教育工程。

消费者厅每年负责研究和分析消费者问题，将研究和分析的结

---

❶ 吴克宇. 论日本消费者政策法的新发展［J］. 消费经济，2006（5）.

果连同政府的消费者政策进展，共同写入《消费者事务白皮书》，以制定更好的消费者政策。消费者厅与主管部门和机构讨论保护消费者利益的问题，修订公用事业收费。为了准确、及时地掌握商品和服务（25项）的价格走势，提高消费者对商品价格走势和消费的关注意识，消费者厅每月对全国2000名被调查者进行一次商品价格监测调查。

政府为促进消费教育制定的"消费政策基本规划"，是以《消费政策基本法案》为基础制定的五年计划，旨在系统地推行消费者政策，制定政府指引，以维护消费者利益。该计划除其他事项外，概述了消费者政策的基本方向、每一领域的具体行动和需要重点处理的问题，如防止经济损失的措施、努力减少食物损失和浪费、分享与互联网有关的消费者问题的信息、建立国际合作以解决跨境消费问题等。

政府相当重视消费者安全问题。消费者事务机构负责汇总政府机构和其他有关单位的消费者事故信息，定期发布其中严重的事故信息。为了防止对消费者的伤害事件发生和蔓延，消费者事务机构在考虑事故的严重性和广泛性的情况下，努力提高消费者对事故的认识。消费者厅与日本国家消费者事务中心合作开发消费者事故信息数据库，以便消费者能够通过互联网自由获取有关实体持有的消费者事故信息。在具体实施方面，消费者厅设有"消费者厅回收信息网站"，收集回收的消费品资料，提供退款、换货、检查、维修及其他服务。消费者厅发起了"保护儿童不受意外伤害项目"，以预防"意外事故"，并一直致力于减少此类事故的发生。消费者厅通过其网页上的"食物及辐射问答"，向消费者提供准确的资料，并定期在多个地点举办座谈会，让消费者有机会与专家讨论食物中放射性物质问题。政府还建立了告密者保护系统。这是保护举报人的一种手段，使举报人不因举报而被开除、降职或受到其他报复，并规定企业应当采取的保护举报人的措施。

以上是政府引导消费者教育的一些主要表现。政府始终把自己当作引导消费者教育的主体,深入研究消费者问题,前瞻性地制定相关政策和法规以引起消费者自我思考,进而实现消费者教育的目的。

10.1.2.2 学校践行

学校在 1966 年开始出现"保护消费者"理念。20 世纪 70 年代政府制定了消费者教育的学习指导大纲,并将"保护消费者"的宗旨融入高等学校的教育理念中。学校实施消费者教育从此开始。❶ 从消费者教育课程来看,中小学消费者教育课程主要分为社会科和家政科,两个科目各有侧重。❷ 当然,日本中小学关于消费者教育的科目并不局限于这两科,只是在此仅讨论这两个科目。社会科注重以整个社会经济生活为基础对消费者进行教育,培养学生作为消费者的综合能力和素质。家政科注重以家庭消费为基础的消费者教育,让学生深入理解动态变化着的经济社会关系。课程根据学生的年龄、心理特点、学习特点、认知水平、接受能力等因素而设计难度,小学到初中、高中各阶段的课程内容由简到难,螺旋式上升。

就社会科而言,小学社会科涵盖了地理、历史和社会等多个方面,综合性较强。其目标是让学生了解自己的日常生活区域到国家、社会各大区域的历史传统、地理环境、文化特色和社会生活等,以学会用联系的观点观察生活,认识事物的联系并判断优劣。初中社会科是涉及历史、地理和公民等层面的综合科目。课程设置的目标是让学生能够学习经济生活的有关知识和原理,理解个人与社会的关系。高中社会科的内容也涉及历史、地理和公民领域,并把消费者教育的内容贯穿其中。其目标是让学生探究经济社会的发展与变化,理解作为公民所承担的责任和义务——引导企业生产经营活动,监督企业行为,为良好的经济秩序和社会经济发展做贡献。

就家政科而言,小学家政科通过引导学生认识身边的日常消费

---

❶ 齐向东. 日本的消费者教育 [J]. 国外社会科学, 1997 (3).
❷ 张立杰. 当代日本学校消费者教育研究 [D]. 上海:华东师范大学, 2009.

生活,教会学生挑选和购买商品的消费方法,并将环保观念融入其中。初中家政科以家庭消费生活为中心展开消费者教育,旨在让学生了解消费者的权利、义务,做出正确的消费决策,同时注重环保。高中家政科注重让学生理解个人生活与社会经济的相互关系,培养学生作为消费者的决策能力、责任意识、环保意识等。

从小学到高中,社会科所呈现的课程内容从日常生活中的小事到社会的各大领域都有涉及,并随着年级的增加而将课程难度逐渐提升。家政科的课程内容从小学到高中,都围绕个人或家庭消费这一核心,逐步培养学生的判断决策能力、权利义务意识和环保观念等,难度逐渐螺旋式上升。

有效而多样的消费者教育教学方法是实现教学目标的重要抓手。在社会科和家政科中常用的教学方法之一是以某一消费现象或消费主题为切入点,提出相应的要求和问题,引发学生的探究和讨论;方法之二是呈现现实生活中的消费案例,让学生设身处地地思考在当时的消费情境下应该采取的解决办法。为了实施教学,教师也会采用角色扮演法、辩论法、实物展示法等方法让学生积极参与课堂活动,成为课堂的主体和推动者,亲自体验消费者面临的消费问题,思考和解决问题,从而培养其判断能力、决策能力和权利义务意识。

10.1.2.3 社会多方力量补充和完善

在日本消费者教育中,政府是引路人,引领消费者教育随着时代变化不断推陈出新;学校是践行者,用科学的方法将消费者教育相关知识教给学生,培养学生作为消费者的基本素质和能力;社会多方力量是补充,从各方面补充消费者教育,使消费者教育日益完善,符合时代潮流。社会多方力量主要指除政府、学校以外的社会力量,包括企业、消费者团体、教育团体等。

作为供应商,企业开展消费者教育的方式主要有主动普及消费者知识、解决消费者投诉、支援学校教育等。具体来说,有以下途径:①普及商品知识:导购员向消费者介绍商品性能和品质,明确和完善标识和说明书,向消费者介绍企业生产方法,印发宣传册等。

②处理消费者投诉：设置专门机构积极回应消费者的疑问，妥善解决消费者遇到的问题。③支援学校教育：企业编写消费者教育资料并向学校提供。

消费者团体是推动消费者教育发展的一股强劲的民间力量。其消费者教育方式主要有：①使用各种检测设备对商品的性能和品质进行检测，并将检测结果向大众公开。②开展消费者运动，让大众明白消费问题的存在，唤醒消费者的主体意识。③自发组织学习会，让消费者明白自己在消费环境中的不利地位，学会维护自身利益。

教育团体在消费者教育发展方面发挥着标杆的作用。其消费者教育方式有：①组织消费者教育专家研究分析消费者问题。②编写和出版关于消费者教育的书籍。③培育优秀的消费者教育师。④在学校中开展消费者教育。

综上，日本形成了以政府引导，学校具体实施，社会多方力量加以补充完善的消费者教育架构。三类主体，各负其责，层级分明，相互协调，相互支持，体系完善。

10.1.3 教育特点

10.1.3.1 以消费者为中心，开展一般教育和终身教育

从日本关于消费者教育的法规和教育方式来看，无论是把消费者当作被保护的弱者还是将消费者作为权利义务主体，消费者教育都是围绕消费者展开的。为了有效地推动学校消费者教育的进程，教育主体会充分考虑受教育主体（消费者）的特性，如年龄、职业、心理特点、学习特点、认知水平、接受能力等。消费者教育增强了消费者体验生活和解决实际问题的能力，使其更好地适应社会，增强现阶段和未来生活的幸福感和满意度，生活品质得到提升。可见，所有的工作都是以消费者为中心，最终目的都是维护消费者合法权益。

可以说，日本的消费者教育已经实现了常态化。消费者教育的对象涉及幼儿、青少年、壮年、老年人等。因此消费者教育就是终身教育。消费者教育遍布全社会，社会多方力量都在积极践行消费

者教育工作，并且消费者教育课程已经融入国家课程标准，成为学生的一门基本课程，因此消费者教育实现了一般教育。消费者教育并非一味地灌输消费这方面的知识，而是教育学生在理论学习基础上增强辨别真伪能力、自主决策能力，树立理性消费观念，增强权利和义务意识，增强社会责任感，监督企业的非法行为。

10.1.3.2　理念先进，任务明确，法制健全

日本消费者教育理念新颖——树立了以消费者为主体的消费者教育理念，开展全民消费者教育运动，形成了政府引导、学校具体实施、社会力量积极参与的消费者教育模式，所有的消费者安全利益相关方都为了维护消费者利益在行动。

消费者教育的任务明确——全面维护消费者权益。在消费者教育中，政府是引路人，学校是践行者，社会力量是助力军。他们各自在自己负责的领域工作，分工明确、职责清晰，相互促进、相互协调，教育手法多样有效。政府始终把消费者教育作为自身的一项义务，强制性地要求自己不能够推脱责任，脚踏实地地推进消费者政策，具体到哪个部门负责什么工作在消费者政策里都规定得明明白白。

日本消费者教育的法制比较健全——以基本法为主干性法律，从各方面统筹推进具体法律和相关细则。消费者自身方面，国家制定并完善了《消费者基本法》，相应地还出台了其他法规。此外，国家在法律中也规制了生产经营者的行为：通过增加和强化生产经营者的责任义务，实现商品信息的透明化，消除生产经营者与消费者之间的信息不对称状态，打造二者之间相互依存、相互信赖的和谐共生关系。日本健全的法制旨在创造一个良性的、可持续的经营消费环境，努力构造对生产经营者和消费者都有益的互惠共同体。

10.1.3.3　注重培养市民资质

日本的消费者教育不仅仅是为了维护消费者权益这一单一目标，而是一教两用，既维护合法权益，又培养消费者的市民资质。首先，

消费者教育致力于培养自立的消费者。自立的消费者能够站在消费、生活的立场上，将消费者理论和知识付诸行动，认识到自身合法权益，并且能够自己思考和解决消费中所遇到的问题，善于发现，独立思考，自我判断，自主选择自己喜欢的生活方式，健康生活。其次，把消费者教育和政治参与联系起来。通过消费者教育潜意识地增强公民主动参与的意识和能力，并让这种主动参与的惯性自然流入政治参与中，为消费者立法或其他方面的立法建言献策。最后，把消费者教育和社会发展联系起来。消费者教育让消费者认识个人行为对社会经济、环境、文化的影响，理解社会可持续发展的重要性。

10.2　日本对国民的食育

食育作为国民教育和消费者教育的重要组成部分，也受到了当今社会的挑战。首先，随着生活水平的提高和生活节奏的加速，市民饮食呈现出多样化的态势，多样化一方面体现了饮食自由和生活美好，另一方面却折射出营养失衡、饮食不规律、慢性病增加等健康问题。其次，日本航运发达，很多海外食材进入日本市场，一定程度上造成了食品安全隐患。最后，全球化进程的推进使日本的食文化面临一定的挑战。基于对以上三个问题的考量，日本政府对食育越来越重视，出台了一系列加强食育的政策，并采取相应的措施。食育不仅能够培养国民健康的饮食方式，还有利于家庭文化构建和社会建设。

10.2.1　日本关于食育的政策

食育一词最先由明治时期的食养医学家石冢左玄于1896年和1898年在其著作《化学的食养长寿论》与《通俗食物养生法》中提出。他认为体育、智育、才育即是食育。当代食育成为日本的国策，2005年日本通过了《食育基本法》。食育从产生到成为国策经历了四个阶段。[1]

第一阶段为1896—1951年的民间倡导阶段。这一阶段的食育由民间发起，主要目的是改良体质和营养。1905年，以菟道春千代为首，一些学者和从业者成立了帝国食育会。帝国食育会批判西方以奶、肉为中心的饮食方式，主张以谷物和蔬菜为中心的养生食谱，倡导饮食养生。20世纪80年代，儿科医生真弓定夫、大分大学教授饭野节夫、厚生省大臣小泉纯一郎、记者砂田登志子等人也提出重视食育和营养的看法。

第二阶段为1952—1997年的营养为本阶段。"二战"后，日本经济复苏并迅速腾飞，国民生活条件改善，开始注重对营养的追求。1952年制定了《营养改善法》，规定进行国民营养调查，检查食品的营养成分以及营养成分标识等。为了保障儿童和学生的营养摄取量，1954年日本颁布了《学校给食法》。厚生省监修的书籍《思考食育时代的食》出版。

第三阶段是1997—2005年的食育萌芽阶段。这一阶段国民追求更健康的生活习惯，同时注重食品安全。1997年，日本的营养政策有了重大转折，厚生省在商讨如何推进第三次国民健康对策时，将"生活习惯病"引入议案，提出以健康的生活方式预防疾病。2000年，日本推行"健康日本21"政策，以培养个人、社会的良好饮食习惯作为营养目标。同年，修订《营养士法》，营养士需要通过考试取得资格证；文部科学省、厚生省和农林水产省共同制定《食生活指针》，包含如何创造和维持健康，还包括了饮食文化、环境问题等更为广泛的内容。2002年《营养改善法》修订为《健康增进法》，食育目标从改善营养为主导转变为促进健康为主导，成为推动"健康日本21"的法律依据。2004年以支援培育下一代和推进食育为目的，制定了《儿童·育儿应援计划》。

第四阶段是2005年4月至今的食育国策阶段。2005年《食育基

---

[1] 廖彬池，吕鹏，杨嘉莹."舌尖上的教育"是如何成为国策的——对日本政府在"食育"形成中角色的综论[J]. 日本问题研究，2016（6）.

本法》通过，规定由内阁府设置的食育推进委员会制定食育推进基本计划，食育推进基本计划是食育成为日本国策的标志。以2011—2015年的"第二次食育推进基本计划"和2016—2020年的"第三次食育推进基本计划"，如表10.1和表10.2所示。

第二次食育推进基本计划的主要目标有三个：①在一生中推进食育；②通过食育预防和改善生活习惯病；③在家庭共餐中推进对孩子的食育（见表10.1）。

表10.1 第二次食育推进基本计划的概要（2011—2015年）

一、食育推进相关措施的基本方针：
1. 增进国民的身心健康，形成丰富的人格。
2. 对饮食的感谢之情和理解。
3. 展开食育推进运动。
4. 保护者、教育相关者等在儿童食育方面的作用。
5. 饮食相关的体验活动及食育推进活动的实践

二、食育推进目标相关的事项：
1. 关心食育的国民比例增加。现状值为70.5%，目标值为90%以上。
2. 早餐或晚餐与家人一起吃的"共餐"次数增加。现状值每周平均9次，目标值为10次以上。
3. 不吃早餐的国民比例减少。现状值为儿童1.6%、20~30岁男性28.7%，目标值为儿童0、20~30岁男性15%以下。
4. 学校提供的伙食使用当地产物的比例增加。现状值为26.1%，目标值为30%以上。
5. 饮食生活考虑到了营养均衡等国民比例增加。现状值为50.2%，目标值为60%以上。
6. 为了预防和改善代谢综合征而坚持合适的饮食、运动等的国民比例增加。现状值为41.5%，目标值为50%以上。
7. 关心认真咀嚼、品尝等吃饭方法的国民比例增加。现状值为70.2%，目标值为80%以上。
8. 食育推进的相关志愿者人数的增加。现状值为34.5万人，目标值为37万人以上。
9. 经历了农林渔业体验的国民比例增加。现状值为27%，目标值为30%以上。
10. 具有食品的安全性相关基础知识的国民比例增加。现状值为37.4%，目标值为90%以上。
11. 制定并实施推进计划的市町村的比例增加。现状值为40%，目标值为100%

续表

三、食育的综合性促进相关事项：
1. 推进家庭的食育。
2. 推进学校、保育所等的食育。
3. 推进地区的食育（"推进食育从而预防和改善生活习惯病""在牙科保健活动中推进食育""对老人推进食育"及"对男性推进食育"等内容的追加）。
4. 开展食育推进运动。
5. 促进生产者与消费者的交流，实现环境和谐的农林渔业的活性化等。
6. 支援饮食文化的继承活动等。
7. 促进食品的安全性、营养剂等及其他饮食生活相关的调查、研究，推进国际交流

四、综合性有计划地推进食育相关措施的必要事项：
1. 加强与各类相关人员的合作、协作。
2. 通过地方公共团体制定推进计划等，并促进措施的实施。
3. 把握推进状况，对效果等进行评估，有效运用财政措施。
4. 修改基本计划

资料来源：内阁府. 平成23年版食育推进政策［M］. 大分：佐伯印刷，2011.

第三次食育推进基本计划在家庭、学校、地区三个方面推进食育，注重减少食品浪费，关注贫困儿童的食育状况，丰富了年轻一代的食育实践活动，欲推动日本料理成为非物质文化遗产（见表10.2）。

表10.2 第三次食育推进基本计划

具体目标	现状值（2015年）	目标值（2020年）
关心食育的国民比例	75%	90%以上
与家人一起吃早餐或者晚餐的次数	一周9.7次	一周11次以上
增加有意愿在本地共餐的人的共餐比例	64.6%	70%
减少不吃早餐的儿童比例	4.4%	0
减少不吃早餐的年轻人的比例	24.7%	15%以下
提升中学校给食的实施率	87.5%（2014年）	90%以上
学校给食中本地产食材使用比例	26.9%（2014年）	30%以上

续表

具体目标	现状值（2015 年）	目标值（2020 年）
学校给食中日本产食材使用比例	77.3%（2014 年）	80% 以上
一日两次以上，几乎每天都食用主食、主菜、副菜三类搭配的国民的比例	57.7%	70% 以上
一日两次以上，几乎每天都食用主食、主菜、副菜三类搭配的年轻人的比例	43.2%	55% 以上
为预防和改善慢性病，平日注意保持适当体重、坚持少盐等饮食生活的国民的比例	69.4%	75% 以上
进行食品中低脂少盐行动的食品企业注册数	67 家（2014 年）	100 家
细嚼慢咽的国民比例	49.2%	55% 以上
在食育推进相关志愿者团体中活动的国民数	34.4 万人（2014 年）	37 万人以上
体验农林渔业的国民的比例	36.2%	40% 以上
为削减食品浪费开展任意行动的国民的比例	67.4%（2014 年）	80% 以上
在本地和家庭中传承、教授传统料理和礼仪的国民的比例	41.6%	50% 以上
在本地和家庭中传承、教授传统料理和礼仪的年轻人的比例	49.3%	60% 以上
掌握食品安全基本知识、能够进行自我判断的国民的比例	72.0%	80% 以上
掌握食品安全基本知识、能够进行自我判断的年轻人的比例	56.8%	65% 以上
制定并实施推进计划的市町村比例	76.7%	100%

资料来源：农林水产省．平成 28 年食育白书［M］．东京：日经印刷，2016．

10.2.2 日本食育的实施主体

食育作为日本国民教育和消费者教育的重要组成部分，得到政府和全社会的支持。食物从生产到流通再到餐桌，每一个环节在家庭、社区、学校乃至全社会都受到高度重视，日本的食育已经形成了全民运动。在食育运动中，实施食育的各大主体有以下几类：内阁府、企业、学校和保育所、社区、中介组织、新闻媒体以及家庭。

内阁府在食育中处于主导地位，是最有权威和力量的食育战略目标推动者。内阁府负责食育的机构主要有文部科学省、厚生劳动省、农林水产省和其他相关部门等，他们通过线上发布食品相关信息和管理数据或线下支援食育活动加强对群众的食品教育培训。此外，他们还负责同类问题的年度连续调查，研究分析消费者面临的食品安全问题等，制订食育推进基本计划。

企业作为食物的主要提供者，也主动承担起食育的伟大责任。除了增加效益，广大企业也主动收集、发布、宣传食育相关的信息，为消费者提供食品安全相关信息，形成独特的食育推进模式。

学校和保育所是推进食育的主要场所。其旨在培养能够设计和改善生活习惯的消费者。营养师、专门调理师、保育所、学校给食相关者等人员积极提供菜单、营养均衡等信息和知识，同时，他们也在为传承日本的饮食文化而努力。

社区也是食育环境的重要维护者。社区积极培养专业的知识人才，开展志愿者活动、消费者和生产者的交流会，努力打造关心食材的环境，提升食料自给率，推进食料的自产自销，在一定程度上使食品安全具有可控性。

在日本的食育中，中介组织功不可没。中介组织主要负责食品安全专业知识教育培训和食品安全基本知识的普及，是连接政府与消费者的一座桥梁。例如，日本食品卫生协会秉承做好政府和业者之间的桥梁的理念，通过座谈会和月刊等形式进行食品安全知识普及；日本农业协同组合联合会秉承做好农户与全体国民的桥梁的理念，对农户进行监督、教育和指导，旨在为消费者提供安全、绿色、健康的农产品。

新闻媒体拥有传递信息的能力，在推进食育工程中起着较大的作用。通过报纸、期刊、电视、网络等途径普及食育知识是新闻媒体的作用体现。

家庭是食育最小的、最基本的单位。家庭食育主要靠长辈对小辈的教导和家人之间的相互劝诫、监督来推进。家庭食育主要包括食事均衡知识的习得、礼仪、共食、营养均衡、饮食生活规律等内容。

日本格外注重消费者教育中的食育，形成了政府引导、全社会积极响应的食育架构。各食育主体秉承先进的理念，各负其责，层级分明，相互协调，相互支持，体系完善。

10.2.3 食育的具体措施

10.2.3.1 设立主管教育机构

日本政府很早就重视食品安全教育问题。1948年成立了食品卫生协会，对食品安全相关利益主体进行教育和培训；该协会还面向消费者群体开展"食品安全月"活动，提供准确的食品安全质量信息，为新开餐馆提供食品安全咨询建议。20世纪60年代初，日本设置"国民生活中心"（消费者教育中心），专门负责消费者教育工作，并将消费者教育全面纳入正规的学校教育中。

10.2.3.2 关注儿童启蒙教育

20世纪80年代，儿童的营养健康成了日本政府和民间较为关心的话题。为让儿童养成自我保健的能力和习惯，学校开展了各项针对青少年的食品安全启蒙教育，把食育的内容和方法纳入校本课程，并在家庭、综合学习时间以及相关课堂上教授，引导儿童合理安排自己的日常饮食习惯。在不同的教育阶段，食育的内容呈现出循序渐进的模式。除此之外，政府还为每所学校配备了通过国家考试的营养师。[1] 营养师需要按照符合法律的营养成分为学生制作餐单并开展与之相关的实践教育活动。这些为食育工作向全社会范围内的普及奠定了基础。

---

[1] 栄養教諭制度について [EB/OL]. (2018-11-02) [2019-08-13]. http://www.mext.go.jp/a_menu/shotou/eiyou/index.htm.

10.2.3.3 开展主题教育活动

2000年以来,日本在食育健康方面颁布了以"健康日本21"计划为代表的诸多政策及相应的活动,根据国民面临的健康问题将生活习惯分为九类,并为每类问题制定了各自的发展目标。这类活动打造出了一个良好的社会氛围,促使全体国民走向健康、开朗、充满活力的社会生活。

10.2.3.4 专业人才技术培训

营养士一般是指为公共卫生保健中心设置饮食技术人员,作为一种职业,随着食育理念的深入人心,渐渐获得日本人民的追捧与肯定。2000年,日本修订了《营养士法》❶,将营养士由注册备案制修改为通过国家考试取得相应资格的制度,明确了管理营养士的业务。2002年,培养和管理营养士的机构在课程上又进行了大幅度的调整,将高度的知识与技能作为管理营养士课程的设置方向,进一步提高了该行业的专业程度及资格准入标准。对于消费者的教育,日本在2012年进一步完善了《消费者教育促进法》❷,中央和地方政府安排了专业人员在学校实施消费者教育,对学校教师进行专业培训,并鼓励有经验的人员编写消费者专用教材。

10.2.3.5 完善食育法律机制

2005年日本政府颁布全国性法律文件——《食育基本法》,首次以法律形式规定了饮食的安全教育,将其上升为一项基本国策。该政策规定日本人从幼儿园到中学阶段都要接受食育教育,并以家庭、学校、保育所、地域等为单位,将食育作为一项国民运动在日本推广。在国家层面设置了食育推进委员会,形成了消费者厅、文部科学省、厚生劳动省多部门的联动机制。各项部门之间合理分配

---

❶ 栄養士法 [EB/OL]. (2014-12-02) [2019-08-13]. http://www.japaneselawtranslation.go.jp/law/detail/? id=2513&vm=04&re=02.

❷ 消費者教育の推進に関する法律 [EB/OL]. (2012-12-12) [2019-08-13]. http://www.japaneselawtranslation.go.jp/law/detail/? id=2176&vm=04&re=02&new=1.

职责，构建出了一套紧密的合作关系网络。在地方政府层级，都、道、府、县、市、町、村都建有推进食育的机构，并以召开研讨会的方式与当地居民交换意见，实现了民主决策。同时，教育相关者、食育志愿者、保健医疗机构、民间自治组织和个人的参与，也促使了食育向国民运动的推进。❶ 2006 年日本成立了"食育推进会议"。该会议是国家推进食品安全教育的办事机构，在《食育基本法》的基础上制定食育推进基本计划❷，将许多指标量化，更加有组织、有计划地开展食育工作。

食育是消费者教育的重要组成部分，日本至今已建立了一套比较健全的食育体系，这也得益于政府的高度重视和社会的积极参与。事实证明，食育不仅有利于培养国民的良好生活习惯和提高健康水平，还有利于构建和谐的家庭文化和团结的社会氛围。

10.3 启示

整体而言，日本的消费与食品健康素养教育发展比较成熟，在世界各国处于比较先进的水平，有一套系统的方案在社会各个层面推进。我国已快速进入消费升级的时代，体验式消费、健康养生教育等已经兴起，但囿于长期以来消费者理性消费与健康素养教育的滞后，已产生许多不良影响，如校园贷、保健品欺诈等都与此有关，加强消费者教育已经刻不容缓。当前，我国只在《消费者权益法》中规定，消费者组织向消费者提供信息和咨询服务，提高消费者维护自身合法权益的能力。一些监管部门也推行了相关产品安全教育，但还谈不上系统的消费与健康素养教育，需要引起政府与社会各个层面的注意。

---

❶ 廖彬池，吕鹏，杨嘉莹. "舌尖上的教育"是如何成为国策的——对日本政府在"食育"形成中角色的综论 [J]. 日本问题研究，2016（6）.

❷ 食育基本法と食育推进基本計画 [EB/OL]. (2016 - 04 - 01) [2019 - 08 - 30]. http://warp.da.ndl.go.jp/info: ndljp/pid/9929094/www8.cao.go.jp/syokuiku/about/plan/index.html.

第 11 章 保健市场治理的对策建议

国际经验表明,当一个国家人均 GDP 超过 3000 美元时,将有三种需求被释放:旅游需求、房车需求和健康需求。此时,大众消费由追求温饱转变为追求生活质量,健康产业快速增长。当前我国进入全面建设小康社会的新时代,保健市场作为健康产业的一部分已经驶入快速发展的轨道,但当前在保健产品管理制度、监管执法及消费者素养方面却仍存在与之不相适应、不相匹配的个别问题,基于前文对我国保健市场的主要问题与矛盾的分析,本书提出以下几点治理思路。

11.1 对保健产品实行分类管理

思路一:将保健食品与保健用品纳入统一管理,统称保健产品,根据其保健功能证据水平分为 A、B、C 三类管理。A 类为科学证据充足(如显著性差异小于 5%)的保健产品,可以进行保健声称,实行注册制管理,由市场监管机构或卫生监管机构❶的其中一个统一管理。B 类为具有一定科学证据(如显著性差异大于等于 5%,但小于 10%)的保健产品,实行与 A 类产品一样的注册制管理,通过标

---

❶ 考虑由卫生机构统一管理的原因在于:一是当前保健用品在一些省份是由卫生机构承担的;二是保健产品属于大健康产品的一类,大健康产业发展主要由卫生机构主导,保健产品交由卫生机构承担,其可以将保健产品与消毒产品及其他健康产品进行制度上的统一设计和总体规划。

识、保健声称表述（如"本产品声称的功能具有一定科学证据，但尚不充分"）与 A 类保健产品进行区别。C 类是一般保健产品或在国内外具有传统使用的历史（三代以上时间），实行备案制管理，通过标识、免责声明表述（如"本产品声称功能未经国家××部门审评"）。

思路二：对保健食品和保健用品进行分别管理，在国家层面成立由市场监管机构和卫生监管机构参加的国家保健产品监管委员会，制定二者的分类监管规范，并指导执法协调。保健食品以国家市场监管机构为主，保健用品以省级卫生机构为主，但都应由国家保健产品监管委员会就批准文号、审批或备案程序等制定统一的规范。

无论哪种改革思路，都需要最大化地消除监管机构、保健产品生产经营者、消费者之间的信息不对称。保健食品与保健用品、消毒产品等都属于健康用品，在推行"健康中国"战略的大背景下，国民消费需求和产品发展增长都比较快，产品面临的主要挑战是产品类别多、监管多元、虚假宣传严重，消费者难以辨识。建议在国家层面建立统一的健康产品信息平台，一方面，要提供保健产品及其他经审批或备案的健康产品的数据库接口，方便消费者自由检索、查询。如果实在不能整合不同部门的监管数据，可以通过链接的方式给消费者提供间接查询的渠道。另一方面，借鉴发达国家经验，通过层层设问的形式提供保健食品、保健用品、消毒品、化妆品、医疗器械、药品等不同产品的区别标准，并根据答案链接不同产品的监管法规页面，使市场主体可以方便地确定每种产品的类别。

11.2　花大力气解决虚假宣传与欺诈营销问题

11.2.1　完善有关法律法规，健全监管的法制基础

借鉴日本《特定商业交易法》，制定适合我国的特别商业营销法，将会议营销商业行为纳入法治化轨道。可以将会议营销与直销进行整体考虑，纳入同一部法律，重点规范在会议营销、直销过程

中商家的义务，如身份与目的告知、诚实宣传义务等。对于会议营销行为，可规定一定时间的冷静期，并禁止商家在冷静期内提供商品与服务，同时禁止接受付款。

综观欧美等发达国家，虽然在监管方面有待改进之处，但有的国家要么有专门的商品标识宣传法（如日本《不当景品类及不当表示防止法》），要么有专门的食品标识法（如美国的《营养标识与教育法》、欧盟的《食品信息法》等），对普通商品或食品的宣传行为进行规制，同时在营养标识方面详细规定功能声称类别。从我国来看，没有专门对商品标识宣传规制的法律，主要散见于《产品质量法》等一些规定。在食品方面，有《预包装食品营养标签通则》《农业转基因生物标识管理办法》等规定，但这些规定法律位阶低、不够系统，有的还与新的《食品安全法》存在不一致的地方，对于功能声称方面规定也不够系统、科学。鉴于食品安全的特殊性，应从整体上考虑制定相关食品标识宣传方面的专门法律，对不同种类的食品的定义、标识方式、标签标识与广告的界限、宣传规范、功能声称类别、监管责任、违法责任等问题进行明确。

同时，应对《消费者权益法》《反不正当竞争法》《广告法》《产品质量法》等法律进行修订，明确界定虚假宣传的定义、虚假宣传与虚假广告的界限，统一虚假与误导之间的关系。建议在保健产品欺诈认定上采取较为严厉的认定标准。在法律责任方面，加大对虚假宣传的处罚力度，适当引入刑法。

11.2.2 明确监管分工，提升监管效能

首先，应当明确反不正当竞争部门与广告监管部门的监管分工，确认虚假宣传与虚假广告的监管边界。其次，应根据对策建议的改革思路，确定保健用品与保健食品的监管责任，明确市场监管机构或卫生监管机构的监管责任，包括中央监管机构和地方监管机构的职责范围，防止由于职责模糊给不法分子造成投机空间。再次，明确普通食品声称保健功能、普通食品声称药品治疗功能、保健食品声称药品治疗功能、普通日用品声称保健功能、普通日用品声称治

疗功能、保健用品声称治疗功能的监管责任部门，厘清食品、保健食品、药品、普通用品、保健用品监管部门之间的责任分工。最后，明确一些中间地带的产品属性。如膏贴类产品，什么情况下是药品，什么情况下是医疗器械，什么情况下是保健用品等。应当有清晰而又明确的标准，划分标准不一定非常科学，但一定要非常明确而又具操作性。

11.2.3 实行科学监管、透明监管，打破监管中的利益保护

当前市场监管中推行的"双随机、一公开"等方法，已被证明可以有效地防止地方保护，实现公正监管。针对保健品虚假宣传中的以罚代管、地方保护等问题，也应探索建立相应的监管制度与方式。首先，建议学习法院系统所有案件上网公开的做法，建设统一、公开、透明的全国行政处罚信息平台，以虚假宣传（包括虚假广告）的行政处罚信息共享制取代当前的异地执法通报制度。其次，应根据信息平台集成提供的信息建立相应的风险监管制度，根据产品类别、功能声称的强度、违法频率等将违法行为主体划分为低风险、中等风险、高风险、危险四种不同级别，制定不同级别的响应程序和惩戒措施。该平台应由国家市场监管机构的具体部门负责日常管理，对低风险和中等风险的虚假宣传行为建议由国家市场监管机构直接通过平台转交地方进行处理，对高风险和危险的虚假宣传案件直接提交国家市场监管总局的执法稽查局进行处理。

11.2.4 发挥社会监督作用，推动社会共治

当前对保健品虚假宣传的监管基本以政府为主，与以行业组织为主的模式相比具有一定局限性。建议支持和培育行业组织力量参与保健品虚假宣传的监管，通过制定相关法律，授权行业组织开展广告审批等工作，对业务标准和违法责任做出明确规定，引导行业组织加强行业自律，发挥监管作用。待条件成熟时，逐渐授予其执法、处理投诉等权力。

鉴于当前监管执法力量较为薄弱，应当适当应用职业打假、集体诉讼等制度，发挥社会力量对保健品虚假宣传进行制约。制度设

计的关键在于给予行为主体一定的经济刺激,无利益则无积极性。应当明确支持职业打假人在保健品方面知假买假行为,但对于敲诈勒索的行为应规定严厉处罚。此外,建议改革集体诉讼制度,适当增加保健品案件律师代理费的比例,限制法院对同一被诉主体及其同一被诉行为不得进行案件分立处理,通过制度改革引导律师和消费者积极参与集体诉讼,从而加大企业违法成本,达到抑制违法行为的目的。

11.3 加快保健食品监管改革进程

11.3.1 进一步明晰保健食品的制度定位

保健食品在许多国家的定位不同,在我国的定位也历经数次变更,2015年新修订的《食品安全法》将其明确作为特殊食品进行严格监管,即被归入食品的大框架下。为了保障法律的稳定性,使公众逐渐形成稳定的概念,不宜再对其进行频繁变更。同时,在制定相关注册与备案法规方面,应明确已作为药品注册过的产品不能再作为保健食品进行注册或备案,同一种产品只能选择保健食品或药品进行注册或备案。如一些药店,既有作为药品的维生素产品,也有作为保健食品的维生素产品。

同时,还应通过修订完善相关法律,明确与保健食品相关的概念的内涵和边界,如特殊食品、特殊膳食用食品等。特别是特殊膳食用食品,由于《食品安全法》修订已失去上位法基础,建议将此概念废除并将运动营养食品归入保健食品,实现法律概念和法制的统一。

为了国际市场的统一,在修订保健食品的法律定义的同时,还应对其他国家不同名称的类似产品进行明确认定。根据这些产品在其原产国的不同监管方式归入我国不同保健食品不同的监管维度,对其做出相应监管要求。

11.3.2 重塑政府的监管职能定位

在当前我国实施"健康中国"战略,大力推行"放管服"改革,监管改革不断强化企业主体责任的背景下,背书式的注册制度已不合时宜,从 2015 年开始推行的双轨制改革效率也呈现低效状态。根据原料和功能目录清单实施备案的改革思路本身就存在局限性:西方膳食补充剂发展历史已表明其功效问题是一个长期充满争议的科学问题,想快速确定一定数量的产品及其功效违反了其发展规律,但是如果速度过慢则沦为变相的注册制,公众的需求只能像之前一样通过非法形式进行满足。

我们认为,当前的产业发展也到了必须重塑监管定位的地步,而且是一种革命性的转变。监管机构的职能定位不能再局限于注册和功效的研究上,而应在加大市场信用体系等基础建设的同时,逐步降低产品准入门槛,将监管重心放在消除信息不对称和监管合规执法等上市后监管上,将判断权和选择权留给消费者。为此,应做好以下几个方面工作。

一是明确功能声称的分类与标准,可借鉴国外的做法分为三种类别:营养声称、结构/功能声称和健康声称。前两者实施备案制管理,后者实行注册管理。同时,可再分为充足证据性的健康声称和一定证据的健康声称。备案制和注册制产品应有不同标识,备案制的产品还须强制性标示"本产品未经国家××机构审查"等字样,注册制产品应根据证据充足程度标示不同的免责条款,如在具有一定证据但又未充足的产品上需标示"本产品所称功效具有一定科学证据,但保健食品审评机构认为这些证据还未达到充足程度"。

二是建立健全以落实企业自主责任为主的法律责任体系。当前的责任体系是一种政府背书式的责任体系,必须进行改变。一方面,这需要大力加强市场信用体系建设,制定对失信行为严厉的综合惩戒措施,在创造良币驱逐劣币的市场环境之后,逐渐扩大保健食品的备案范围,使企业真正能够合法、规范地自主经营。另一方面,虽然从保健食品的法律定义来看,我们设定其是安全的,但在实际生产经营中仍有可能出现安全风险,应从法律上明确保健食品生产企业和经销企业对产品不良反应的强制报告义务,卫生保健人员和消费者亦可进行自愿报告。

三是科学划分各级监管机构的事权,强化监管执法职能。治理保健食品问题的"七寸"在上市后环节,不在前置审批。未来随着保健食品备案的范围越来越多,国家局的精力会逐渐从注册中解脱出来,各级监管机构的事权需要进一步科学厘定,一些风险较高的产品可以有国家局层面直接进行监管,这也符合解决公共产品的外部性问题的要求。要强化执法检查,以市场监管改革为契机,打造一支专业化的检查员队伍,制定和实施高频次、全覆盖的执法检查计划,将执法情况作为主要考核标准。为了打破地方保护,还应根据产品风险大小划分纵向监管部门之间的事权,使各级监管部门都发展为专业的执法力量。

四是打造公开、透明的市场环境。透明是公平的保障,监管机构应做好信息公开工作,如产品注册和备案指南、保健食品企业提交的产品和申报信息、执法检查计划、检查业务人员信息、检查和抽检信息、不良反应信息、产品召回信息等。

11.3.3 以西方营养学和传统药膳理论为依据实施分类化管理

不同类别的保健食品,其理论基础的哲学和文化基础不同,应当尊重文化哲学的多元性和历史传统,分类别建立不同的功效评价方式。以西方医学和现代营养学为基础的保健产品,其注册和备案的依据可以要求提供现代科学所依赖的证据,如实验数据等,而以传统食疗和养生文化经验科学为基础的保健食品,只提供传统文献和传统使用方面的证据即可。但是传统食疗产品如果声称宽泛的保健功效应当谨慎,可以实行负面清单方案进行解决,或者要求提交充足的实验性数据。

实行保健食品分类管理,应建立与之相匹配的配套制度:应在标签标识方面予以区别,并可以要求标示一些免责条款,如以中医理论为基础的产品可以标示"本产品虽有传统文献证据支持,但未经现代科学实验确认"；应在广告宣称方面进行区别规范，以中医理论为基础的产品功效声称应以中医规范表述用语进行标示宣传，以西医和现代营养学为基础的产品功效声称应以现代用语表述。

11.4 着眼长远，夯实行业规范发展的基础

保健市场监管由于产品跨度大、属性多元，对监管主体和消费者自身都有较高要求，其成功不仅有赖于科学的监管制度和有力的监管执法，还需要必要的配套措施。这些恰恰是市场监管的通用基础，也是解决保健市场问题的治本之策。

第一，建立健全社会信用体系。市场经济实质上是一种信用经济，在当前推行"放管服"和"健康中国"战略的背景下，保健市场需要进一步降低市场准入门槛，给消费者提供更多的自由选择，其监管模式则需转变为以企业责任为导向。这客观上要求建立健全社会信用体制，使遵纪守法、诚信经营成为行业的自觉行为，让违法违规行为付出高昂的成本代价，真正实现良币驱逐劣币。当前市场监管体制改革，社会信用体系建设已经在推行当中，但仍需打破部门利益的藩篱，打通各部门的信息壁垒，实现共享共建。

第二，全面推广消费教育与食育。在发达的市场经济中，市场消费将伴随每个人的一生，消费者能够实现其自由选择权的前提是其本身需要具备一定消费知识和素养，而这是应通过系统教育而非市场教训获得的。建议学习日本的经验，将消费教育融入国民教育的各个层面，从基础教育阶段就嵌入理性消费教育，使国民逐渐获得产品知识和理性消费的必备知识和素养。

与消费教育同样重要的是了解食品的知识与功能，这是健康营养消费的基础。这种教育同样需要从娃娃抓起，从基础教育抓起。在这方面同样建议学习邻国日本，通过立法和制订全面的计划，将其提升至与德、智、体育一样的重要程度，融入国民教育的各个阶段。

第三，建立预警和跟踪评价体系。监管机构应建立保健产品不良反应体系。为了节约成本，可以纳入药品不良反应体系，但须从法制上予以保障，同时，应对数据库进行开发利用，实现两个方面功能：一是分级预警功能，当产品不良反应达到不同的标准，即对企业采取通报、警告、强制召回等措施。二是对保健产品的功效实行跟踪评价。当已经注册的保健产品使用一段时间后，产品安全性较为稳定，市场对产品功效较为认同，则可以将这类产品纳入规格标准型备案管理，企业只需按相应规格直接进行备案生产即可。